정의와 변혁을 꿈꾼
50인의
정치 멘토

정의와 변혁을 꿈꾼
50인의
정치 멘토

초판 1쇄 2015년 10월 5일
초판 2쇄 2016년 7월 11일
글 앤 퍼킨스
옮긴이 김영
펴낸이 권경미
펴낸곳 도서출판 책숲
출판등록 제2011 – 000083호
주소 서울시 용산구 후암동 8
전화 070 – 8702 – 3368
팩스 02 – 318 – 1125

ISBN 979–11–86342–08–4 44340
ISBN 978–89–968087–4–9 (세트) 44080

이 도서의 국립중앙도서관 출판시도서목록(CIP)은 서지정보유통지원시스템
홈페이지(http://seoji.nl.go.kr)와 국가자료공동목록시스템(http://www.nl.go.kr/kolisnet)에서
이용하실 수 있습니다.(CIP제어번호: CIP2015024985)

*책값은 뒤표지에 있습니다.
*잘못 만든 책은 구입하신 서점에서 바꾸어 드립니다.
*책의 내용과 그림은 저자나 출판사의 서면 동의 없이 마음대로 쓸 수 없습니다.

문명을 바꾼 발견자들

정의와 변혁을 꿈꾼
50인의
정치 멘토

앤 퍼킨스 글 | 김영 옮김

책숲

　사회 구성원들 간의 다양한 이해관계를 조정하는 정치는 인류의 역사만큼이나 오래되었답니다. 정치는 소규모 조직에서부터 아주 큰 기관에 이르기까지 사람들이 모이는 곳이라면 어디서든 생겨나지요. 이 책은 주로 국가적 차원에서의 정치를 다루고 있지만 사회 조직 어디에서나 적용될 수 있답니다.

　정치에서는 누가 법을 만들고, 왜 그 법을 따라야 하며, 지켜야 할 원칙과 결국 이루고자 하는 목표가 무엇인지를 묻고 답을 찾지요. 보통 정치적인 생각들은 권위주의와 자유주의 중 어느 한쪽에 속하는 경향이 있어요. 다시 말해 사회 안정을 유지하기 위해 필요한 질서와 자유를 향한 개인의 욕구 사이에서 끊임없이 균형을 찾는다고 할 수 있지요.

　정치적 생각의 발전은 어떤 면에서는 진화의 과정이었어요. 앞서 살았거나 동시대를 살고 있는 사람들의 관점에 내용을 보태거나 수정하는 식으로 말이에요. 시대 상황에 따라 정치에서 묻고 다루는 내용들은 변해왔어요. 시민전쟁으로 혼란스러운 시기를 겪은 후에는 정치 이론이 질서를 유지하는 데 초점을 두었고, 일부 계층의 지배가 여러 해 지속되면 변화와 자유를 강조하는 의견이 목소리를 높였어요.

　계몽시대, 산업혁명 등 사회 질서의 중요한 변화는 지배자와 피지배자의 관계, 그리고 시민들의 복종과 자유 사이의 관계에 대해 새로운 생각을 낳았답니다. 통치자와 이에 저항하는 사람들은 항상 정치 이론에서 자신들의 정당성을 찾았고, 정치 이론가와 선동가들 역시 통치자와 그들에 맞서는 사람들의 목표에 충실한 생각들을 제공했어요. 에드먼드 버크나 토마스 페인의 정치 이론은 그들의 이름과 함께 역사에 영원히 남았고, 레닌과 마르크스는 지도자이자 정치 철학자로서 완전히 새로운 명제를 등장시키기도 했답니다.

이 책에서는 모두 50인의 정치사상가들에 대해 살펴볼 거예요. 먼저 플라톤, 아리스토텔레스, 로크, 몽테스키외 등 정치 이론의 창시자들에 대해 알아보고, 21세기까지 이어 온 정치의 흐름을 이해하기 위해 이론가와 지도자들을 선정했어요. 이들은 기존 정치 이론의 영향을 받은 동시에 이후 정치 철학자들의 연구에 영향을 미쳤지요. 또한 사회주의, 보수주의, 민주주의 등 열 가지 주제들이 세계 역사의 전환점에서 어떻게 중요한 역할을 했는지 알아보게 될 것입니다.

앤 퍼킨스

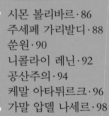

1장

정치 사상가

POLITICAL THINKERS

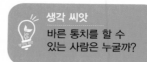

철학자 왕을
주장한
플라톤

{
플라톤은 지혜를 최고의 가치로 생각하는 이상 국가를 추구했어요. 그래서
수준 높은 교육을 받은 소수의 엘리트가 정치를 해야 한다고 주장했답니다.
그러나 플라톤의 유토피아는 지혜롭고 책임을 다하는 이상적인 귀족정치가
작동할 때만 가능한 것이었지요. 플라톤의 이상 국가는 수 세기 동안 한 사람
이나 소수에 의한 독재 정치를 정당화하는 데 이용되기도 했어요.
}

플라톤은 아테네의 세력이 점점 기울어 가던
정치적 혼란의 시대에 살았어요. 스승인 소크라
테스가 부당하게 사형 선고를 받자 몸을 피해야 했
지만, 다시 아테네로 돌아와 아카데미를 설립해 다양
한 주제를 폭넓게 탐구했어요. 교육은 플라톤의 영원
한 관심사였지요. 말년에 그는 시라쿠사의 왕 디오니시우스 2세를 철
학자 왕으로 만들려고 교육했지만 실패했어요. 이 일은 플라톤 일생
의 과업이었어요. 바른 통치를 하기 위해서는 철학자 왕이 반드시 필
요하다고 믿었거든요.

플라톤은 '정의'에 관심이 많았어요. 그에게 정의란 자연이 의도하
는 바대로 개인이 자신의 본분을 다하는 것을 의미했어요. 또 사회는
계층으로 나누어지며, 최상위에 철학자들의 귀족 정치가 있어야 한다
고 보았어요. 철학자와 정치가로 이루어진 엘리트 계층은 평범한 시민

정의와 변혁을
꿈   꾼

플라톤의 이상 국가를 보면 현명한 소수가 다스리고, 병사들이 방어하며, 생산하는 사람들이 섬긴다.

Plato

출생 기원전 약 427년, 그리스 아테네
업적 정예의 철학자, 정치가 집단에 의한 통치를 주장
사망 기원전 약 347년, 그리스 아테네

을 좋은 삶으로 이끈다고 생각했지요.

이것은 최초로 '정당'을 옹호한 것으로도 여겨진답니다. 정당은 이성적이고 과학적인 원칙을 중심으로 사람들의 이익을 위해 일하는 정치적 집단이에요. 플라톤의 사상은 1930년대에 소비에트 러시아의 전체주의 지배를 정당화하는 것처럼 여겨지기도 했어요. 플라톤은 비록 국가를 유지하기 위해 가족의 유대조차 배제하는 삶을 내세웠지만 이런 체제의 약점을 잘 알았고, 이상적 정치가 불가능하다는 것을 인정했답니다.

플라톤은 소크라테스와 아테네 시민들 사이의 대화로 이루어진 『국가론』을 통해 아테네의 부흥을 모색했어요. 플라톤은 대중을 올바르게 이끄는 데 소수의 지혜로운 집단이 필요하다는 믿음을 결코 버리지 않았어요. 국가가 도덕적 목적을 위해 존재한다는 그의 생각은 유럽의 정치 발전에 크게 기여했답니다.

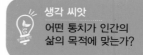

생각 씨앗
어떤 통치가 인간의
삶의 목적에 맞는가?

아리스토텔레스

플라톤의 제자이자 알렉산더 대왕의 스승이었던 아리스토텔레스는 정치 과학의 창시자라고 할 수 있어요. 국가가 도덕적 목적을 위해 존재한다는 플라톤의 생각을 이어받았지만 시민과 민주주의에 주목했지요. 즉 국가는 개인보다 우위에 있지만 시민들이 원하는 것을 반영해야 한다는 거예요. 아리스토텔레스는 상황에 따라 적합한 통치 형태가 다르다고 결론 내렸어요.

플라톤과 마찬가지로 아리스토텔레스도 모든 것에는 목적이 있으며 인간의 목적은 선하게 사는 것이라고 믿었답니다. 또 더불어 살아가는 인간들은 옳고 그름을 판단할 수 있는 능력과 도덕적인 힘이 있기 때문에 다른 동물과 구별된다고 생각했지요. '인간은 정치적 동물'이라는 그의 선언은 유명하답니다. 그는 교육을 받은 합리적인 사람들이 자신의 잠재력을 잘 발휘할 수 있는 사회는 도시국가라고 생각했어요. 이런 이상 국가에서는 공공선을 위해 사람들이 모이고 궁극적인 목표를 추구하면서 역량에 따라 다른 역할을 맡게 되기 때문에 귀족과 노예가 결코 같을 수 없었지요.

아리스토텔레스의 『정치학』은 이상 국가의 정의를 비롯해 합리적인 국가 체제에 대해 다루고 있어요. 이 책에서는 당대와 역사 속의 여러 국가들의 통치 형태를 분석했답니다. 즉 권력을 행사하는 사람

정의와 변혁을
꿈   꾼

들의 수와 가치에 따라 국가를 분류했지요. 한 사람이 통치하는 경우에 통치자는 명예를 추구하는 군주이거나 부를 좇는 폭군이었어요. 소수에 의한 통치는 훌륭한 귀족 정치가 될 수 있지만 부를 추구하다가 타락하면 소수의 독재 정치가 될 수도 있었지요.

한편 공익을 추구하는 다수에 의한 통치 형태가 국가였어요. 특히 민주주의는 대중에 의한 지배가 바탕이지요. 아리스토텔레스는 군주제를 이상적인 모델로 생각했지만 자칫 최악의 전제정치가 될 수 있었어요. 따라서 정의가 있고, 가난한 자와 부유한 자의 권리를 서로 존중한다면 위계적이고 변화가 느리다 할지라도 다수를 위해 다수가 다스리는 통치가 좋은 삶을 이끌고 갈 가능성이 높다고 생각했지요.

그가 죽은 지 천 년이 지난 뒤, 중세 유럽에서 독단적이고 압제적인 지배를 약화시키기 위해 아리스토텔레스의 사상이 재발견되었어요. 엘리트를 강조한 것은 이제 받아들여지지 않지만 그의 생각은 여전히 오늘날 정치적 논쟁의 중심에 있답니다.

Aristotle

출생 기원전 384년, 그리스 스타기라
업적 다수를 위한, 다수에 의한 통치를 옹호
사망 기원전 322년, 그리스 에비아 섬의 칼키스

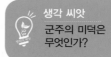
니콜로 마키아벨리

**도덕을
초월한 통치자**

> 마키아벨리는 권위의 본질과 기원, 정부의 목적 등 당시 선후배 철학자
> 들이 고민했던 문제에는 관심이 없었어요. 정치 철학의 주류와는 동떨어
> 져 있었던 거지요. 대신 힘과 안전에 대해 탐구했어요. 그는 『군주론』을 통
> 해 세상은 폭력적이고 불안해서 강력한 통치자만이 다스릴 수 있다고 주
> 장했어요.

마키아벨리는 이탈리아 피렌체에서 태어나 29
세에 공화국의 고문이 되었어요. 그 당시 피렌체
는 정치적 혼란에 휩싸여 있었는데, 이 시기에 그
는 불후의 명작인 『리비우스에 관한 담론』(1531)과 『군
주론』(1532)을 썼어요. 이로 인해 그는 당시 집권자들에
게 고초를 당했고, 이 책들은 그가 죽기 전까지 발표되지 못했답니다.

『리비우스에 관한 담론』에서는 로마 공화국의 성공을 중점적으로
다루었고, 『군주론』은 어떻게 하면 성공적으로 권력을 잡고 휘두를 수
있는지를 간결하면서도 신랄하게 설명하고 있어요. 이 두 권의 책은
세속주의와 공화주의로 대표되는 현대 정치 철학의 바탕이 되었지요.
마키아벨리는 '사람이란 매우 단순하고 현재의 필요를 기꺼이 따르기
때문에 속이는 자는 늘 자신을 속게 만드는 자를 만나게 될 것'이라고
다소 냉소적으로 말했답니다.

마키아벨리는 군주의 미덕은 선이 아니라고 주장했지만 사소한 이유로 시민을 죽이거나 신의를 저버리는 것, 자비 없이 행동하는 것 역시 군주의 미덕은 아니라고 했어요. 위대한 군주는 경쟁자를 넘어서고, 운명까지 극복하면서 용기와 담대함으로 승리를 얻어야 한다는 것이 그의 생각이었지요.

Niccolo Machiavelli

출생 1469년, 이탈리아 플로렌스
업적 국가가 도덕적 목적을 위해 존재한다는 생각에 도전함
사망 1527년, 이탈리아 플로렌스

마키아벨리가 생각한 이상 국가는 군주제가 아니라 민주주의였답니다. 민주주의에서는 국가를 존중하면서 경쟁 집단도 함께 가고, 법의 범위 내에서 서로 긴장을 유지할 수 있다고 보았어요. 그런데 민주주의는 일단 부패하면 회복하기가 거의 불가능하다고 생각했어요. 최악의 통치자는 카이사르와 같이 자유를 지킬 수 있음에도 자유를 파괴하는 군주였지요. 20세기였다면 마키아벨리는 히틀러를 비난하고 스탈린을 존경했을지도 몰라요. 혼돈의 시기에 안정을 되찾아 준다면 전제 정치도 정당화할 수 있었으니까요.

그가 죽고 한 세대가 지나기 전에 국가가 도덕적 목적을 위해 존재하지 않는다는 그의 생각이 받아들여지기 시작했어요. 스피노자와 루소는 그를 공화주의자이자 민주주의자로 존경했답니다.

※ **정치권력** 사회 안에서 다른 사람들에게 영향을 미치는 능력. 대부분의 정부에서는 권력을 나누어 서로 균형을 맞추고 권력의 남용을 방지한다.

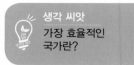

생각 씨앗

가장 효율적인
국가란?

민족국가
이론가

토머스 홉스

홉스는 사회의 기원을 설명하고 절대 권력을 정당화하기 위해 '자연 상태'라는 생각을 발전시켰어요. 무정부적인 자연 상태에 있는 사람들이 자신을 구하기 위해 모든 권리를 포기하는 '계약'을 제안함으로써, 절대 권력이 법을 정하고 교육 내용과 종교도 결정할 수 있다고 본 것이지요. 홉스가 생각한 국가는 도덕적 기능은 없지만 질서를 유지하는 가장 효율적인 방법이었답니다.

20세에 영국 옥스퍼드대학을 졸업한 토마스 홉스는 캐번디시 가문의 후원을 받아 유럽을 여행할 기회를 얻었고, 이를 통해 유럽 여러 나라의 새로운 과학 지식을 접하게 되었어요. 마키아벨리처럼 홉스의 정치 철학도 강력하고 안정적인 사회를 세우려는 목표를 가지고 있었어요. 여기에 과학적인 방법론이 더해졌지요. 그는 사람들 사이의 관계를 형성하는 기본 법칙을 탐구했고 그 법칙을 받아들이는 과학적인 정치 체계를 추구했답니다. 국가를 세우고 유지하는 기술은 산술법과 기하학이 그러하듯 이 특정한 규칙으로 이루어진다고 홉스는 생각했어요.

홉스는 또한 민족국가의 출현에 대해서도 생각했어요. 그 목표는 넓은 영토에 퍼져 살고 있는 수십만 명에게 평화와 안정을 가져다줄 수 있는 정부에 있었답니다.

정의와 변혁을
꿈   꾼

가족, 부족 국가의 구성원들은 강력한 지도자에 의한 통치로 안정을 얻는 대가로 개인적인 권리를 포기한다.

1651년에 출판된 『리바이어던』은 신의 역할도 없고, 정부도 없는 사람들의 삶을 황량하게 그려서 당시 사람들을 깜짝 놀라게 했지요. 그는 사람들의 자연적인 상태가 사실은 전쟁 상태와 다름없다고 생각했어요. 삶이 '외롭고 가난하고 추잡하고 야만적이고 짧았다'고 선언한 홉스의 말은 유명하답니다. 아리스토텔레스와 완전히 대조적으로 그는 인간이 정치적 동물임을 부인했어요. 인간은 자기 이익만을 위해 행동하고 더 자유롭기 위해 권력을 추구한다고 여겼지요. 홉스는 개인에게 삶과 자기 방어의 권리 외에 어떤 권리도 없다고 생각했어요. 만약 어떤 권위를 거부하고 다른 권위를 따른다면, 그것은 첫 번째 권위가 더 이상 안전을 보장하지 못했기 때문이라는 것이지요.

홉스의 세속주의와 현실주의는 당대의 생각과 완전히 대조를 이루었고, 이후 200년 동안 논쟁거리를 제공했답니다.

Thomas Hobbes
출생 1588년,
영국 월트셔
업적 통치자에게 권리를
내놓는 사회 계약이라는
개념을 도입
사망 1679년,
영국 더비셔

자유지상주의

> 자유지상주의자들은 국가가 오직 개인의 자유를 보호하기 위해 존재한다고
> 주장합니다. 이때 자유란 생존, 자유, 재산에 관한 권리를 말하지요. '빼앗을
> 수 없는 권리'에 대한 문제는 원래 국가에 맞서는 개인을 보호하기 위해 제기
> 되었답니다. 자유주의는 국가의 개입이 어느 정도까지 필요한지에 관한 논쟁
> 에서 시작되었고 여기에서 자유주의와 자유지상주의가 갈라졌어요.

토마스 아퀴나스는 신이 부여한 개인의 권리가 정부의 권위를 제한할
수 있다고 생각했어요. 그의 생각대로라면 통치자가 국민을 무시하는 것
은 신성한 법을 어기는 것이지요. 17세기 존 로크는 '자연 상태'에서 개인
의 권리가 국가의 힘을 제한한다고 주장했어요. 즉 자연 상태에서의 인
간은 다른 사람의 권리를 해치지 않아야 자신의 자유권과 재산권도 지
킬 수 있고, 이러한 권리를 보호하기 위해 합의에 의해 세운 것이 정부
라는 거예요. 19세기 제러미 벤담은 권리가 최대 다수를 위한 최대 행복
을 낳는다고 주장했어요. 존 스튜어트 밀에 따르면 그 때문에 다수의 압
제가 일어났지요. 하지만 소수자들도 보호받을 권리를 지니고 있답니다.

그런데 20세기 전반기에 자유 진영이 첨예하게 갈라지는 일이 발생했
어요. 고전적인 자유주의가 다시 고개를 들었고, 이전의 자유주의와 구
별하기 위해 '자유지상주의'라는 용어를 쓰게 되었답니다. 한편 산업혁명
이후 자유경제가 불평등을 초래하고, 수백만 명을 가난과 위험에 빠뜨리
자 진보적 자유주의가 일어났어요. 대표적 인물인 미국의 루스벨트 대통

령은 표현의 자유, 신앙의 자유, 결핍으로부터의 자유, 공포로부터의 자유를 제시했고, 이 네 가지 자유는 이후 40년 동안 미국 자유정부를 뒷받침했답니다.

더 고전적인 자유주의는 오스트리아의 루드비히 폰 미제스와 프리드리히 하이에크와 같은 정치경제학자들의 연구에서 되살아났어요. 유럽이 공산주의와 전체주의를 경험한 것이 영향을 주었지요. 이들은 특히 복지와 고용 보호를 위해 시장을 통제하는 것을 경고했어요. 자발적인 질서가 작동하면 시장이 스스로 불균형을 없앤다고 생각했지요. 이들은 개인의 자선이 국가의 복지보다 훨씬 더 효율적이라고 주장했답니다.

1950년대에 이사야 벌린은 두 종류의 자유에 대해 설명했어요. 부정적 자유는 사회 정의와 상관없이 제약을 최소화하는 것이고, 긍정적 자유는 부자들의 압제를 제한하기 위해 개입이 필요하다는 선한 자유랍니다. 한편 자유주의에는 평등주의를 내세운 좌파 자유지상주의자들도 있었어요. 이들은 공동의 재산 소유를 주장했지요.

21세기 초까지 자유지상주의는 서구 선진국에 널리 영향을 미쳤고, 중도 우파 정당에게 필수적인 개념으로 받아들여졌답니다. 하지만 전통적인 자유주의에 대한 재발견도 늘고 있어요. 그래서 개인의 권리와 공존할 수 있는 공동체에 대해 계속 모색하고 있답니다.

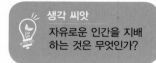
바뤼흐 스피노자

바뤼흐 스피노자는 초기 합리주의자였어요. 토마스 홉스처럼 철학의 과학적 기반을 추구한 스피노자는 사람은 이성을 사용함으로써 자유로워질 수 있는 존재라고 생각했답니다. 그는 만약 국가가 국민들에게 어떤 것을 강요한다면 그들의 권리를 빼앗는 것이라고 말했어요. 왜냐하면 개인은 스스로 원한다 해도 권리를 양도할 수 없기 때문이지요.

스피노자는 네덜란드의 유복한 유대 인 가정에서 태어났어요. 정통파 유대교 인으로 자랐지만 여러 분야의 교육을 잘 받았고, 그 당시 네덜란드에 살고 있던 데카르트를 따랐답니다. 성경에 나오는 물리 법칙에 대해 의문을 갖는 바람에 유대교에서 제명된 그는 렌즈를 깎는 일로 생계를 이었다고 해요. 그러면서 사람과 자연을 모두 아우르는 사고 체계를 구상하려고 애썼답니다. 『신, 인간, 그의 행복에 관란 짧은 논고』와 『이해의 수정에 관한 논고』를 썼고, 대작인 『에티카』를 출판했지요. 그리고 젊은 나이에 폐결핵으로 세상을 떠났어요. 그가 죽은 뒤에 『신학－정치 논고』와 『정치 논고』가 발표되었답니다.

스피노자는 완고하게 자신만의 논리를 추구했어요. 신은 만물에 내재하며 이성의 지배를 받는 모든 창조물은 자연의 법칙을 따르기 때문에 인간은 신의 뜻을 따라야 한다고 주장했답니다. 피에르 벨은 이것을 어처구니없는 가설이라고 비판했지요.

정치사상에 있어 스피노자가 '양심의 자유'를 주장한 점은 주목할 만해요. 이것은 사람이 자연 법칙, 즉 다른 어떤 권위로부터가 아니라 그들 자신의 본성의 지배를 받는다는 생각을 바탕으로 하고 있어요. 자신의 본성을 따르는 것은 타고난 권리이며, 그렇게 함으로써 옳고 그름에 대한 생각을 형성할 수 있어요. 따라서 누구든 타인에게 명령하려고 든다면 자연 법칙을 어기는 것이지요.

스피노자는 누군가로 하여금 자기 대신 생각하게 하는 것을 과소평가했고, 한편으로는 통치자가 자신과 다르게 생각하는 사람을 적으로 간주하는 것을 막지 못한다는 점을 받아들였어요. 그러나 이것은 불합리해요. 스피노자는 정부의 목적이 홉스 지지자들이 말하는 안전 이상이라고 믿었기 때문이지요.

역설적이게도 관용에 관한 스피노자의 믿음은 신을 받아들이려는 의도였는데, 이 때문에 당대에는 무신론자로, 일부 계승자들 사이에서는 범신론자로 간주되었어요. 스피노자의 생각은 그가 죽고 난 뒤 백 년 동안 잊혀진 듯했지만, 19세기의 공리주의에 의해 재발견되었습니다.

Baruch de Spinoza

출생 1632년,
네덜란드 암스테르담
업적 양심의 자유를 옹호함
사망 1677년,
네덜란드 헤이그

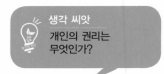

사회계약 이론가

존 로크

> 존 로크는 최초의 계몽주의 철학자였고 자유민주주의와 입헌민주주의, 그리고 개인의 자유에 관한 이론가였어요. 그는 모든 인간은 서로 평등하고 독립적이며 다른 사람의 생명이나 건강, 자유, 재산을 침해해서는 안 된다고 생각했어요. 로크가 펼친 정치사상의 영향은 민주주의를 표방한 미국 헌법뿐만 아니라 카를 마르크스의 급진적인 사상에도 남아 있어요.

존 로크는 영국 성공회교도이자 청교도 혁명 때 의회주의를 위해 싸운 지방 변호사의 아들로 태어났어요. 학창 시절 로크는 수사학·문법·도덕철학·기하학 등 전통 교과 과정보다는 실험과학이나 약학 등에 관심이 많았어요. 근대화학의 선구자였던 로버트 보일이나 의학자 토머스 시드넘과 우정을 나눈 것은 결코 우연이 아니었어요. 의사 면허도 없이 정치가 애슐리 경의 주치의가 되기도 했지요. 실험과학에 대한 로크의 관심은 과학적인 정치 체계를 만들고자 했던 그의 정치 철학의 바탕이 되었지요.

찰스 2세의 전제정치로 인해 프랑스와 네덜란드에서 도피 생활을 계속했던 로크는 1688년 명예혁명 후 장래의 메리 여왕을 수행하고 영국으로 돌아왔어요. 이 시기에 나온 그의 논문 두 편은 영국의 혁명을 기념하기 위한 것이었지요. 영국의 헌법이 만들어진 시기였고 휘그

당을 이끄는 사상가였던 로크는 그 중심에 있었어요.

　첫 번째 논문은 왕의 신성한 권리를 반박하기 위한 것이었어요. 그 당시의 많은 사람들처럼 로크도 인간이 한때 자연 상태에서 살았다고 가정했지요. 그런데 홉스의 자연 상태가 다른 사람의 생명이나 자유, 재산을 존중하며 자연 법칙의 지배를 받는 '방종이 아닌 자유 상태'였다면 로크의 자연 상태는 개인의 권리를 설명하고 있어요. 로크는 정부가 개인의 권리를 보호해야 한다고 주장했답니다.

　로크는 자연 상태의 사람들이 자연 법칙의 범위 내에서 자유롭게 자신의 행동을 결정하고 재산권을 행사하며 모든 권력과 재판권이 서로 평등하다고 생각했어요. 이런 개인들은 사회 계약을 통해 정부를 세우고, 정부는 공공의 이익을 위해 법을 만들 권리를 지녔다는 거예요. 정부는 판단하고 처벌할 권리가 없었어요. 이때까지는 재산이나 사상의 자유, 표현과 신앙의 자유는 언급되지 않았어요.

　로크는 정부의 범주에 관한 아리스토텔레스의 견해를 바탕으로 개인의 자유를 보존하는 가장 적합한 정부 형태는 군주제와 의회민주주의의 혼합형이라고 생각했어요. 즉 권력을 가진 군주가 있더라도 선출된 의회와 함께 존재하는 것이지요. 입법권과 행정권이 분리되기를 원했던 그의 생각은 미국 정치에 큰 영향을 미쳤답니다.

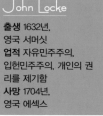

John Locke

출생 1632년,
영국 서머싯
업적 자유민주주의,
입헌민주주의, 개인의 권
리를 제기함
사망 1704년,
영국 에섹스

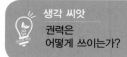

생각 씨앗
권력은
어떻게 쓰이는가?

권력에 주목한
자유주의자

샤를 드 몽테스키외

몽테스키외는 권력이 어디에 있는지에 따라 정부를 구분하는 전통적인 방식 대신 권력이 어떻게 쓰이는지에 주목했어요. 그는 민주주의든 귀족정치든 공화제는 공공 정신에 의해 유지되고, 군주제는 명예에 의해서, 그리고 독재는 공포에 의해 유지된다고 보았답니다. 위대한 저작 『법의 정신』을 통해 그는 인간의 권리 선언에 영감을 주었어요.

샤를 루이 드 세콩다는 하급의 프랑스 귀족이 었으나 몽테스키외 남작의 작위와 영토를 물려받 으면서 이름이 알려지기 시작했어요. 그가 예술과 학문을 취미로 하는 딜레탕트로서 명성이 높긴 했지만 『페르시아 인의 편지』라는 책을 출판하자 사람들은 깜짝 놀랐지요. 페르시아를 여행하는 두 사람의 대화 형태로 씌어진 그 책은 파리의 풍습과 로마 교회, 프랑스 군주제를 분석하고 있답니다.

1727년 몽테스키외는 프랑스 학술회원으로 뽑혀 유럽 전역으로 여행을 떠났어요. 특히 영국 여행 중에 접한 영국 헌법에 깊은 인상을 받았는데 이는 나중에 『법의 정신』을 통해 분석되었지요. 1748년에 출판된 이 책으로 그는 엄청난 찬사를 받았답니다. 또 로마의 성공이 어떻게 몰락으로 이어졌는지를 분석한 『로마 인의 흥망성쇠 원인론』 은 에드워드 기번의 로마사에 관한 책보다 50년이나 앞선 것이었어요.

24

정의와 변혁을
꿈   꾼

영국에서의 경험을 바탕으로 그는 권력이 어떻게 쓰이느냐에 따라 정부 형태를 구분했는데, 이는 로크의 권력 분립 이론을 발전시킨 것이었어요. 입법부와 행정 권력이 있고 그 위에 법의 지배를 보장하기 위한 사법부가 있는데, 자유를 보장하려면 이들이 각각 분리되어 있어야 한다는 것이지요. 이 견해는 20년 후 미국에서 적극적으로 받아들여졌답니다.

Charles de
Montesquieu

출생 1689년,
프랑스 보르도
업적 인간의 권리 선언과
미국 헌법에 선구적인 영
향을 미침
사망 1755년, 프랑스 파리

몽테스키외의 연구에서 가장 독창적인 면은 제도 발전에 미치는 외부 요인의 영향을 논의했다는 점이에요. 이 때문에 그를 최초의 사회주의자로 보기도 하지요. 원시적인 사회에서는 기후가 강력한 힘이 었어요. 그리고 문명이 발전함에 따라 종교와 법 같은 이차적 요인이 더 큰 역할을 하게 됩니다. 그는 종교를 사회 현상으로 보았고, 신으로부터 국가를 자유롭게 해야 한다고 생각했어요.

그러나 몽테스키외의 책은 지배층의 비난을 받았고 바티칸의 금서 목록에 올랐어요. 이에 굴하지 않고 그는『법의 정신에 관한 변론』과 여러 글을 남겼답니다. 몽테스키외의 생각은 널리 퍼졌어요. 특히 에드먼드 버크는 법과 관습에서 여러 요인이 복잡하게 상호 작용한다는 그의 설명을 이해했고, 그 점을 혁명에 대항하는 강력한 논거로 이용했답니다.

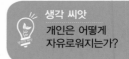
낭만주의적 정치 철학자   장 자크 루소

루소의 정치 철학을 대변한 『사회 계약론』은 '인간은 자유롭게 태어나지만 어디서든 쇠사슬에 묶여 있다'는 구절로 시작됩니다. 루소는 이 책에서 사회에서 개인이 어떻게 자유로울 수 있는지에 대해 설명했는데, 자유는 개인이 하나의 도덕률인 '일반 의지'를 세우기로 약속한 사회에서 발견된다고 했어요. '자유, 평등, 박애'로 요약되는 그의 사상은 프랑스 혁명의 구호가 되었답니다.

장 자크 루소의 삶은 그의 정치 이론만큼이나 특이했어요. 『예술과 학문에 관한 담론』을 통해 철학을 시작했는데, 여기에서 그는 인간이 본질적으로는 선하지만 사회와 문명에 의해 타락하게 된다고 밝혔어요. 그다음 발표된 『담론』의 주제는 불평등이었는데, 그 뿌리를 자연이 아니라 사회를 향해 나아가는 어떤 움직임에서 찾았답니다. 즉 사회가 처음에는 평등했지만 곧 질투, 경쟁심, 오만이 생겼고, 치명적이게도 소유물이 나타났으며 그것을 보호하기 위해 법과 정부가 생겨났다는 거예요.

1762년에 발표된 『사회 계약론』에서 루소는 사회 상황이 개인을 만든다고 주장했어요. 그리고 자유는 약속에 의해 '일반 의지'를 가진 개인이 가질 수 있다고 했지요. 그것은 공동의 이익에 헌신하는 것으로 개인들의 의지의 합과는 구분되는 것이었어요. 이런 그의 생각은 의도

하지는 않았지만 나중에 전체주의에 도움을 주기도 했답니다.

홉스처럼 루소도 개인이 사회 안에서 시민권을 얻는 대가로 모든 권리를 포기하고 자신의 권리와 연관된 모든 것을 전체 공동체에 전적으로 넘긴다고 생각했어요. 그는 공동의 이익에 의해서만 동기가 부여되는 사회가 공정한 법을 만들 수 있다고 주장했지요. 일반 의지를 따르는 것은 개인의 의지를 따르는 것과 똑같기 때문에 법의 범위 안에서 인간은 강제로 자유로울 수 있다는 거예요. 이처럼 개인의 권리를 완전히 거부하는 것은 그의 사상에서 문제가 되었고, 프랑스 혁명 동안 남용되어 끔찍한 결과를 낳았답니다.

루소는 기독교가 유익하지만 그가 구상한 국가의 목표에는 적합하기 않다고 생각했어요. 이 때문에 그는 망명을 떠날 수밖에 없었고, 『사회 계약론』은 제네바와 프랑스에서 금지되었지요.

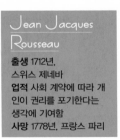

Jean Jacques
Rousseau
출생 1712년,
스위스 제네바
업적 사회 계약에 따라 개인이 권리를 포기한다는 생각에 기여함
사망 1778년, 프랑스 파리

루소는 각 시민이 자신의 개인 의지를 내려놓고 공동의 이익을 대변하는 일반 의지를 따라야 한다고 믿었다.

페미니즘

> 페미니즘은 철학일 뿐 아니라 문화적, 사회적, 정치적 운동이에요. 정치적인 의미에서 살펴보면 제도적, 경제적 평등을 위한 여성과 남성 사이의 투쟁을 뜻하지요. 하지만 이러한 평등을 이해하려면 문화적, 사회적 상황을 모두 고려해야 한답니다. 여러 한계에도 불구하고 분명한 것은 페미니즘이 사회 정치적으로 중요한 영향력을 미치고 있다는 점이에요.

정치 이론이 가부장적인 교회에서 떨어져 나온 이후 서구에서는 줄곧 여성의 지위에 의문을 품었어요. 18세기에는 로크, 루소, 페인 등이 지지한 자유와 평등이라는 가치와 더불어 여성의 역할에 대한 관심이 이어졌지요. 사회가 여성의 권리도 인정해야 함을 처음으로 요구한 사람은 메리 울스턴크래프트였답니다. 19세기에 들어 양성 평등은 강력한 철학적 지지를 얻었고, 여성의 열등한 법적 지위가 당대 작가들의 주제가 되었어요. 하지만 여성의 투표권에 대한 요구가 있고 나서야 페미니즘은 정치적 힘을 드러냈지요.

미국과 유럽에서도 여성의 참정권을 위한 투쟁이 시작되었고, 모든 계급과 인종의 여성들이 단결했어요. 한 예로 여성 교육을 위한 운동이 있었는데, 이는 앞선 시대에서는 찾아보기 힘든 모습이었지요. 하지만 투표권을 획득하자 페미니즘 운동은 대부분 해체되었고, 정치적으로 힘을 얻은 여성들이 자신의 이상대로 세상을 변화시키는 데 실패하자 더욱 약화되는 길로 들어서게 됩니다.

**정의와 변혁을
꿈   꾼**

1950년대에는 새로운 철학적 힘이 등장했는데, 프랑스의 실존주의 철학자 시몬 드 보부아르가 중요한 역할을 했어요. 보부아르는 여성이 남성과 맺고 있는 관계에 의해 전적으로 규정된다는 통찰을 보여 주었지요. 이어진 제2의 페미니즘 물결은 여성 해방을 위한 풀뿌리 운동이었어요. 케이트 밀레트와 저메인 그리어 같은 급진적이고 명료한 이론가들은 관습적인 정치를 거부하고 억압적인 사회 구조를 이해하도록 격려했지요. 하지만 제2의 물결에서도 정치적 목표는 제한적이었고 실질적인 발전을 가져오지는 못했답니다.

한편 실제 생활에 주목한 실용적 페미니즘에서는 피임과 낙태를 합법화하고, 폭력과 강간으로 희생된 여성을 돕는 등 정의를 위해 싸웠어요. 그런데 여기에도 논란의 여지가 있어요. 예를 들면 임금 평등을 위한 운동이 정치적으로는 승리했지만 실질적으로 임금 평등이 이루어진 데는 한 곳도 없었거든요. 여성을 가난에서 끌어내는 데에는 최저 임금제가 더 효과적인 방법이었지요.

유엔에 따르면 세계 인구의 51퍼센트를 차지하는 여성들이 전 세계적으로 66퍼센트의 달하는 일을 하고, 10퍼센트의 임금을 받으며, 1퍼센트 이하의 재산을 소유하고 있다고 해요. 또 선진국과 개발도상국 사이에서 공통의 기반을 찾기 힘들다는 것도 정치적 운동으로서 페미니즘의 한계를 보여 준답니다.

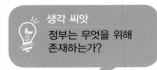

생각 씨앗
정부는 무엇을 위해
존재하는가?

마음을 움직인 선동가

토머스 페인

페인은 독창적인 사상가라기보다는 사람의 마음을 움직일 줄 하는 정치적 선동가였어요. 그는 『상식』이라는 책을 발표해 미국 독립 혁명에 사상적 기반을 제공했지요. 모든 정부는 오로지 개인의 자유와 재산, 안전, 독립을 보호하기 위해 존재하며 이를 위반할 때에는 합법적으로 막을 수 있다고 생각했답니다.

토머스 페인은 13세에 학교를 그만두고, 세무서에서 일을 했는데 임금 인상과 부패 척결을 요구해서 고용주에게 반감을 사기도 했답니다. 벤저민 프랭클린의 조언으로 미국으로 건너간 페인은 1776년 1월에 『상식』이라는 책을 발표했어요. 영국과 식민지인 미국의 갈등이 절정에 달하던 시기였는데, 페인은 이 글을 통해 미국의 독립을 강한 어조로 정당화하고, 자유를 옹호하며 군대 모집을 지지했지요. 이 책이 며칠 사이에 50만 부가 팔렸고, 1776년 7월 4일 미국 독립 선언으로 가는 길을 닦았답니다. 그 후 워싱턴 장군이 이끄는 군대의 사기를 북돋고자 『위기』라는 연속물을 발간했고, 군대를 지원할 자금을 모으기 위해 유럽을 순회했어요.

1789년 페인은 영국을 여행하는 중에 프랑스 혁명에 관한 에드먼드 버크의 글을 읽었어요. 이에 자극을 받은 페인은 『인간의 권리』

30

정의와 변혁을
꿈   꾼

를 통해 급진적인 태도로 개인의 자유를 옹호했지요. 이 책 때문에 그는 영국에서 수배자가 되었고, 책이 출판되기 전에 도망을 나오긴 했지만 다시는 돌아가지 못했어요. 하지만 프랑스에서는 영웅이 되어 프랑스 어도 못하는 그가 국민의회의 의원으로 선출되기까지 했답니다.

로크에서 루소에 이르는 18세기의 모든 급진주의자들처럼 페인도 개인의 권리가 자연 상태에서 유래되었으나, 다른 권리를 보호하기 위해 자유를 포기했음을 받아들였어요. 또한 모든 정부는 오로지 개인의 자유와 재산, 안전, 독립을 보호하기 위해 존재하며 이를 위반할 때에는 합법적으로 막을 수 있다고 생각했지요.

페인의 『인간의 권리』는 미국 헌법에 크게 영향을 미쳤어요. 그 서두는 이렇답니다. '모든 사람들은 평등하게 창조되었으며 신으로부터 빼앗길 수 없는 권리를 받았다. 그 권리 중에는 생존과 자유, 행복을 추구할 권리가 포함되며 이를 보호하기 위해 정부는 국민들의 합의에 의해 정당하게 권한을 부여받은 사람들로 구성된다.'

페인은 국민의 주권이 가난과 전쟁, 실업과 문맹을 어떻게 끝낼 수 있을지를 모색했어요. 그래서 교육, 공공사업, 진보적인 조세 정책에서 정부가 200년이 지난 지금보다 더 큰 역할을 할 것을 주장했지요. 페인은 정형화된 종교를 거부했기 때문에 무신론으로 오해를 받았고, 그로 인해 명성이 흔들렸어요. 페인의 죽음을 알리는 기사는 그가 '오래 살았고 좋은 일을 몇 가지 했으며 해를 많이 입혔다'고 전했답니다.

Thomas Paine

출생 1737년, 영국 노퍽
업적 개인의 자유를 주장했고, 미국 독립 전쟁에 크게 영향을 미침
사망 1809년, 미국 뉴욕

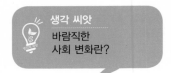

생각 씨앗
바람직한
사회 변화란?

**보수주의
정치가**

에드먼드 버크

전통을 존중한 에드먼드 버크는 보수주의와 입헌주의의 대변인이었고 그가 쓴 『프랑스 혁명에 관한 고찰』은 토머스 페인에게 큰 자극을 주기도 했어요. 그는 모름지기 정치인은 '보존'과 '개선'이라는 능력을 다 갖추어야 한다고 생각했지요. 한편 변화가 필요할지라도 인간의 힘으로 복잡한 유기체와 같은 사회를 급진적으로 바꿀 수는 없다고 생각했답니다.

버크는 더블린에서 변호사의 아들로 태어났어요. 런던으로 법 공부를 하러 갔다가 런던의 계몽사조에 빠져 공부를 중단했답니다. 세계 정세를 조사하여 연보를 작성하는 일을 했고, 휘그당 정치에 관여하기도 했지요.

18세기에는 대부분 왕과 의회가 권력을 놓고 다투었답니다. 『현재의 불만족의 원인에 관한 생각』에서 버크는 의회의 편을 들었어요. 그는 이전까지 비난의 대상이던 정당이 정해진 원칙을 지키고 발전시킬 수 있도록 잘 조직된다면 자유를 보증하는 역할을 하면서 국민들과 행정가 사이를 이어 줄 수 있다고 주장했답니다.

버크는 변화가 피할 수 없는 것이고 때로는 바람직하다는 것을 인정했어요. 하지만 개인의 권리와 같은 관념보다는 즉각적인 필요에 바탕을 두고 변화를 쌓아 나가야 한다고 생각했지요. 그는 기존의 질서

정의와 변혁을
꿈 꾼

를 반대하고 도덕적인 이상을 추구함으로써 폭력적인 반응을 불러와 서는 안 된다고 주장했어요. 자유와 평등은 추상적인 이상으로 취급 했고, 대신 공동체 전체를 선한 삶으로 이끄는 요소들을 위해 애쓰는 온건한 포부를 높이 평가했답니다.

1774년 버크는 미국과의 조세 다툼에 뛰어들어 『미국의 조세에 관하여』와 『미국 문제에 관한 결의안』을 출판했어요. 그는 자신들의 권리를 주장하는 식민지 주민들에게 노골적으로 증오심을 표현했고, 세금을 징수하는 의회의 권한을 옹호했지요. 그렇지만 곧 의회에도 잘못을 경고했는데 통치 받는 이들의 반란을 정당화할 수 없었기 때문이었어요.

버크가 프랑스 혁명을 극심하게 반대한 것은 전혀 놀랍지 않아요. 『혁명에 관한 고찰』에서 그는 인간의 권리를 주장하는 구호에 담긴 통속적인 자주권에 반대했지요. 그는 전통적 가치관을 완전히 뒤엎는 것에 놀라움을 표했고, 영국이 입헌군주제로 유기적인 진화를 할 거라고 생각했답니다. 버크는 자신이 태어난 아일랜드에도 애정이 깊었는데, 아일랜드가 경제적·종교적 제한과 지배로부터 독립적이기를 바랐지요.

그러다 인도의 부패 상황이 그의 정치적 삶을 돌려놓게 되었어요. 왕과 동인도회사 양쪽 모두를 배제한 독립 위원회가 인도를 통치하기를 주장한 버크는 벵골의 통치자 워런 헤이스팅스에 대한 부당한 탄핵을 지지했답니다.

Edmund Burke

출생 1729년,
아일랜드 더블린
업적 유기적이고 점진적인
진보를 선호, 급진적인 정
치 변화를 거부함
사망 1797년,
영국 버킹엄셔

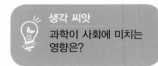

생각 씨앗
과학이 사회에 미치는 영향은?

사회주의의 시조 # 앙리 드 생시몽

> 생시몽은 물질세계뿐 아니라 정치 세계도 바꿀 수 있는 과학의 잠재력을 확신했고 공공선을 위해 운영되는 계획 경제로 사회가 진화할 수 있다고 주장했어요. 그는 프랑스 혁명에서 교훈을 얻으려고 애쓴 사람 중 하나랍니다. 역사 철학을 발전시켜 중세부터 현대까지 사회의 진화를 설명하고자 했지요. 그의 생각은 나중에 카를 마르크스가 이어 갔어요.

생시몽은 경제 발전이 사회 조직에 미친 영향과 종교적 힘과 현세적 권력이 어떻게 약화되었는지를 밝혔지요. 생시몽의 주장에 따르면 산업과 과학이 발달할수록 교회와 국가의 권력이 약해졌는데 왕이 산업 사회에 등장한 새로운 세력 대신 귀족층을 지지하는 실수를 저질렀기 때문에 프랑스 혁명이 폭력성을 드러냈다는 거예요. 또 산업 사회의 새 계급 역시 자신의 역할을 다할 만반의 준비를 갖추지 못했고, 결국 프랑스는 군주제로 다시 돌아가게 되었다는 겁니다.

하지만 성과가 없었던 것은 아니지요. 혁명으로 끓어오른 변호사와 중개인들이 우세했던 이 시기는 공정한 사회로 나아갈 수 있는 발판이 마련되었어요. 공정한 사회에서는 강압적인 힘을 행사하는 국가 대신 행정 기능이 자리를 잡게 되고, 공동의 이익이 집행되는 것으로

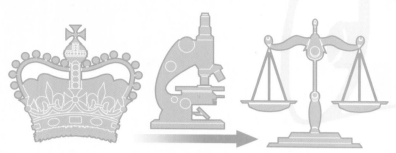

원시적인 중세 사회는 과학과 산업의 발달을 거쳐 모든 부가 공평하게 분배되는 완전한 정의 사회로 발전한다.

질서가 충분히 유지될 거라고 생시몽은 생각했어요.

생시몽은 과학자처럼 자원을 관리하는 행정가들도 전문가이기 때문에 적절한 교육을 받지 않고서는 관리 방법을 이해할 수 없다고 생각했답니다. 그는 사회의 진보 과정에서 사람들이 자신의 역할을 제대로 이해하기만 한다면 특권을 내려놓고 각자 기여한 바에 따라 보상을 받으며 서로 돕는 사회를 만들 거라고 생각했어요.

생시몽은 사회의 목표를 정하고 세상을 설명하는 데 종교가 필요하다고 믿었지만, 평생 동안 과학을 지지했고 기독교를 배척했답니다. 하지만 세상을 떠나던 해에 출판한 『신기독교』에서 기독교가 극빈층을 돕고 공동체를 이끌 수 있을 거라고 했지요. 이러한 생각은 자본이 과도하게 축적되는 것을 막으려는, 실용적이지만 급진적인 세제 개혁안에서 지지를 받았어요. 그의 사상은 제자들에 의해 유럽으로 퍼져 나갔답니다.

Henri de
Saint-Simon

출생 1760년, 프랑스 파리
업적 공정한 사회를 관리·유지할 수 있다고 주장
사망 1825년, 프랑스 파리

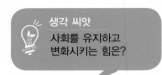

사회학의
아버지

오귀스트 콩트

> 생시몽의 협력자였던 콩트는 인간의 행복에 대해 연구하다가 실증 철학을
> 발전시켰어요. 콩트는 지식의 총합이 커질수록 고통이 줄어든다고 믿었답니
> 다. 그는 과학을 몇 가지 범주로 나누었는데, 수학과 천문학에서 물리학, 화
> 학, 생물학으로 발달하고 자신의 창안한 사회과학이 사회학으로 나아간다고
> 보았어요. 사회를 연구하는 새로운 과학을 그는 '사회학'이라고 불렀답니다.

오귀스트 콩트는 부모가 물려준 가톨릭 신앙
과 왕당파의 이상을 모두 거부했어요. 대신 인간
사회의 역사를 과학적으로 설명하려고 했지요. 콩
트의 어린 시절은 프랑스가 나폴레옹 전쟁에서 패배한
여파로 그늘이 드리웠고, 그 시대의 많은 사람들과 마
찬가지로 그도 새로운 질서를 찾고자 했어요. 혁명이 파괴한 것들을
대체하고, 과학과 산업의 발달로 떠오르던 여러 사회적 문제들에 대
한 답이 필요했지요.

콩트는 지적 발달의 세 단계를 밝혔답니다. 지식의 바탕은 신비하
고 영적인 단계에서 관념적인 추측으로 설명하는 형이상학적 단계로,
그리고 다시 실증적 단계로 이어진다고 생각했어요. 실증적 단계의 지
식은 경험적 관찰을 근거로 하는데, 인간의 이해와 경험의 한계에 의
해서만 제한을 받는다고 보았지요.

콩트는 과학의 범주를 나누면서 사회학을 창안했어요. 200년 전에 자연 철학자들이 자신을 둘러싸고 있는 물질세계의 법칙을 파악하려고 했던 것과 똑같은 방식으로 사회를 지배하는 법칙을 밝혀내고자 했지요. 우주 질서

Comte, Auguste
출생 1798년,
프랑스 몽펠리에
업적 최초로 사회학이라
는 학문적 개념을 제시
사망 1857년, 프랑스 파리

와 최상의 조화를 이루는 인간 행동의 일반적 법칙, 또는 특수한 법칙이 있을 것이고, 그것은 대체로 개인의 행복과 통할 것이라고 콩트는 예측했답니다.

그는 두 가지 종류의 사회학이 있다고 생각했어요. 하나는 사회를 유지하는 힘에 관한 것이고, 다른 하나는 변화를 이끄는 힘에 관한 것이지요. 개인은 후자가 되는 경향이 있고, 국가나 정부는 전자의 경향이 크답니다. 그의 사상 중 많은 부분은 생시몽의 사상을 집대성하고 체계화한 것이었어요. 두 사람은 모두 사회가 어떻게 도덕적으로 조직화되는지 알고자 교회를 연구했는데, 콩트는 사회학자를 인간 사교성의 철학적 기반을 다루는 사제로 보기도 했답니다.

콩트의 정치사상 중 많은 부분은 보수적이었어요. 그는 민주주의를 배척했고 위계 질서를 선호했답니다. 사회학에 관한 그의 생각은 프랑스의 에밀 뒤르켕과 영국의 허버트 스펜서를 포함하여 후대에 큰 영향을 미쳤어요. 그래서 우리는 그를 '사회학의 아버지'라고 부른답니다.

Socialism

사회주의

{ 19세기 산업혁명은 공동체와 전통적인 방식을 무너뜨렸고, 수백만 명을 가난
으로 내몰며 일부만이 막대한 부를 얻었어요. 이에 대한 반응으로 출현한 사
회주의는 이념적 문제와 독단의 시기가 있었지만 사회 정의를 끌어안는 넓은
범주의 가치관으로 진화했답니다. 20세기 말, 사회주의는 자본주의 경제 안
에서 공정하고 능력을 중시하는 사회를 만들려고 노력했어요. }

생시몽과 푸리에 같은 프랑스의 이상적인 사회주의자와 실용주의 개
혁가인 로버트 오언은 부당한 자본주의의 핵심인 사유 재산과 강압적인
국가에 대한 대안을 추구했어요. 성공한 자본주의자이던 오언은 불후의
아이디어를 내놓았는데, 바로 협동 생산 방식이었지요.

카를 마르크스와 프리드리히 엥겔스는 사회주의라는 아이디어를 세
계적인 이념으로 바꾸어 놓았어요. 소유권이 극소수에게 집중되어 있는
자본주의 사회에서 소외된 프롤레타리아가 반란을 일으켜 생산 수단을
점유하고 계급 없는 사회를 건설할 것이라고 보았답니다. 사회주의는 국
가가 사라지기 전의 마지막 단계인 것이지요.

『공산당 선언』(1848)에 요약되어 있는 이러한 생각은 유럽의 사회 민주
주의를 형성했답니다. 하지만 1914년에 전쟁이 발발하자 대부분의 사회
주의 정당은 국제주의를 포기하고 전쟁에 총력을 기울였어요. 1917년에
일어난 러시아 공산 혁명으로 좌파는 마지막으로 갈라졌지요. 레닌은 온
건한 사회주의자를 제국주의 전쟁광과 협조했다고 비난했고, 반대로 이

정의와 변혁을
꿈   꾼

들은 권력을 노동자에게 되돌려주는 데 실패한 새 소비에트 연방 정부를 공격했답니다.

국제적인 운동은 실패했지만 소련 공산주의가 눈에 띄게 경제적 성공을 거두자 전 세계의 사회주의자들은 깊은 인상을 받았어요. 하지만 정부 차원에서의 사회주의는 실험적인 단계였고 세계적인 경제 위기가 닥치자 다시 어려움에 처했지요. 독일의 사회 민주주의자들은 1929년의 재정적 몰락 이후 불황이 계속되자 같은 시기에 영국의 소수 노동당 정부가 그랬던 것처럼 전통적인 디플레이션으로 반응했어요. 스웨덴에서만 사회 민주주의 정부가 공공사업을 늘려 실업을 줄이고 경제를 활성화했어요.

제2차 세계 대전 후 사회주의는 혁명에 대한 언급을 뺀 채 유럽에서 우세한 이념이 되었답니다. 영국에서는 1990년대에 이르러서야 노동당이 헌법으로 공유제를 보장했어요. 하지만 최초의 다수 노동당 정부는 몇 안 되는 산업만을 국유화했는데 그것조차 중앙 집권과 관료주의 때문에 결국 실패했지요. 사회주의의 마지막 성공은 무상 의료와 무상 교육을 보편화하고 복지 혜택을 늘리면서 완전 고용을 보장하는 사회 혁명이었어요.

사회주의는 복지 정책, 점진주의, 혼합 경제를 의미하게 되었고, 중도의 형태로 1950년대와 1960년대에 유럽 전체 선거에서 성공을 거두었어요. 아프리카와 아시아에서 독립한 새로운 국가들은 실제는 그렇지 않았지만 사회주의라는 이름을 빌려 썼답니다.

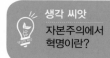

생각 씨앗
자본주의에서
혁명이란?

사회주의 혁명가 마르크스와 엥겔스

철학자이자 선동가인 마르크스와 엥겔스는 사회주의 혁명의 전통을 확립했고, 유물사관을 널리 알렸어요. 모든 역사는 계급 투쟁의 역사이고, 계급은 경제적 지위의 산물이며 자본가에 대항하는 노동자의 투쟁은 불가피하다는 것이지요. 나중에 마르크스는 사회뿐 아니라 인류가 바뀌는 것을 혁명으로 생각했어요. 단지 노동자가 권력을 쥐는 것만으로는 안 되었지요.

마르크스와 엥겔스는 유물사관을 발전시켰고 경제적으로 우세한 계급이 자신의 이익을 높이는 방향으로 사회를 구조화한다고 주장했답니다. 국가가 자본주의 사회를 운영하면 프롤레타리아는 노동 과정에서 소외되는데, 그들이 소외를 인식하게 될 때 혁명을 일으킬 준비가 된다는 거예요.

마르크스와 엥겔스는 이전의 사회주의자인 생시몽, 콩트, 로버트 오언을 이상주의자로 생각했고, 공산주의로 가는 10가지 즉각적인 조치를 제안했는데, 여기에는 누진세와 의무 교육이 포함되어 있었어요. 공산당 선언은 '공산주의라는 유령이 유럽을 떠돌고 있다'라는 경고로 시작하고 '전 세계 노동자들이여, 단결하라!'는 극적인 외침으로 끝난답니다.

런던에서 마르크스와 엥겔스는 입헌 민주주의의 실패에 대해 숙고

정의와 변혁을
꿈   꾼

했고 미래에는 프롤레타리아의 의식 수준을 높일 혁명 노동자 위원회가 부르주아 의회와 공존해야 한다고 생각했어요. 하지만 두 사람은 유물론자로 남았고 혁명을 일으키려는 시도를 비난했으며 혁명이 경제 침체와 함께 올 것이라고 주장했지요.

1837년『자본론』첫 권이 출판됐어요. 이 책에서 마르크스는 잉여 가치에 관한 이론을 자세히 설명했어요. 실업 상태의 노동자가 많기 때문에 임금은 최저 생활 수준으로 유지되고, 노동자들은 자신이 임금으로 받는 것보다 더 많이 생산하지만 고용주는 그 차이인 잉여 가치를 몰수합니다. 또 정교한 생산 방식이 도입될수록 자본 지출은 늘고 이익은 감소하는데 노동자들은 더욱 착취를 당한다고 보았어요.

마르크스와 엥겔스는 사회적 유기체가 필연적인 발달 경로를 거친다고 주장하면서 경제 분야에 크게 기여했어요. 어느 순간에는 이러한 피할 수 없는 경제적인 힘 때문에 자본주의가 붕괴되고 더 나은 형태의 사회로 대체될 거라고 생각했답니다.

※ **프롤레타리아** '자식'을 뜻하는 라틴 어에서 유래한 이 용어는 자식 외에 어떤 재산도 없는 계층을 가리킨다. 마르크스는 이 용어를 노동자 계급에 적용했는데, 이들은 생산 수단을 소유하고 있지 않으면서 상품을 생산하는 사람을 의미한다.

Karl Marx and
Friedrich Engels

출생 마르크스 1818년,
프로이센 트리어
엥겔스 1820년, 프로이
센 바르멘
업적 러시아와 중국의 사
회주의 혁명에 영감을 줌
사망 마르크스 1883년,
영국 런던
엥겔스 1895년, 영국 런던

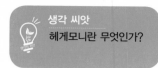
**헤게모니
이론가**

안토니오 그람시

안토니오 그람시는 이탈리아 공산당 초기에 선구적인 인물이었어요. 그런데 짧은 생애 동안 마르크스주의자로서 미친 영향보다 사후 수십 년 동안 문화 연구와 비판 이론의 개척자로서 훨씬 더 큰 영향력을 발휘했답니다. 그가 만든 헤게모니라는 새로운 이론은 마르크스와 레닌의 정치사상으로 이어졌지요. 그람시는 헤게모니 이론을 문화에 적용해 사회를 설명하고자 했어요.

사회주의자였던 그람시는 제1차 세계 대전 후 공산주의자 단체를 결성하여 1921년 이탈리아의 총파업에 참여했어요. 그는 모스크바의 국제 공산당에서 18개월을 보내고 1924년에 돌아와 당을 이끌었지요. 하지만 1926년에 체포되었고 남은 생애 동안 감옥과 병원에서 감시를 받으며 지냈어요.

감옥에서 지내는 동안, 그람시는 마르크스주의 혁명을 성공적으로 이끌 수 있는 조건을 자세히 분석했어요. 그 내용은 나중에 『감옥에서 보낸 편지』로 출판되었고, 제2차 세계 대전 후 그의 이름은 널리 알려지게 되었답니다.

그람시는 헤게모니라는 새로운 이론을 만들었는데, 마르크스와 레닌은 노동자 계급의 정치적 지도력을 설명하기 위해 이 개념을 사용했어요. 그람시는 헤게모니 개념을 문화에 적용해 17세기 유럽에서 어떻

42

Antonio Gramsci

출생 1891년,
사르디니아 알레스
업적 국가 통치에 노동자
계급도 참여해야 함을 인식
사망 1937년,
이탈리아 로마

법과 국가의 힘은 경제와 문화의
힘과 균형을 이루고 있다. 부르주
아는 자신의 이익을 위해 이 균형
을 조종한다.

게 나폴레옹이 집권할 길이 마련되었는지를 설명했지요.

자본주의는 부르주아 문화의 헤게모니에 의해 지지를 받았고, 그
람시는 노동자 계급이 부르주아가 지배하는 현재의 정체성에서 벗어
나기 위해 국제적인 문화가 필요하다고 생각했어요. 그래서 로마 가
톨릭 교회가 다양한 지적 수준의 신자들을 하나로 모은 것에 주목했
어요.

그람시는 노동자 계급의 경험을 분명하게 표현하고, 그들이 가진
문화의 헤게모니 형성을 도울 수 있는 지성인을 양성하고 싶었어요.
그는 정치 사회와 시민 사회를 구분했는데, 정치 사회는 국가와 법이
중심이고, 시민 사회에는 경제가 포함되어 있었지요. 겹치는 부분도
있지만 전자는 힘이 지배하고 후자는 합의에 의해 지배된답니다. 그
람시는 자본가 계급이 때를 잘 맞춰 노동자들에게 양보함으로써 시
민 사회를 장악하기 때문에 노동자들은 먼저 시민 사회에 대한 통제
권이나 지위를 획득해야만 한다고 생각했지요. 결국 시민 사회가 스
스로 조절할 수 있게 되면 정치 사회는 불필요해진다고 주장했답니다.

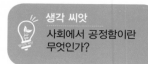

생각 씨앗
사회에서 공정함이란
무엇인가?

공정함을 강조한 평등주의자 존 롤스

> 20세기의 선구적인 정치 철학자인 존 롤스는 자유국가의 첫 번째 의무가 시민의 자유를 보호하는 것이며 공정함이 선함보다 먼저라고 생각했어요. 정치적 양극화의 시기에 그는 보다 많은 사람들이 만족스러울 수 있는 '중도'를 주장했지요. 롤스는 다른 사람들이 훨씬 더 많은 선을 누린다 해도 몇몇이 자유를 잃는 일은 정당화될 수 없다고 주장했답니다.

미국 볼티모어에서 태어난 롤스는 몇몇 대학에서 교수로 일하다가 약 30년을 하버드에서 보냈어요. 제2차 세계 대전을 겪고 냉전 시대를 살았던 그는 소련의 공산주의와 자유방임주의식 자본주의의 요구에 모두 반대했어요. 롤스에게는 그 무엇보다 개인의 자유가 가장 중요했답니다.

그는 다수에 대항하여 소수의 권리를 보장하지 못한다는 이유로 공리주의를 배척했어요. 대신 계약 이론을 현대적으로 해석했습니다. 구성원들의 이기심 때문에 계급이나 인종, 성별에 따라 다른 원칙과 선택이 이뤄지게 된다는 거였지요. 그러나 사람은 누구나 다른 사람의 자유와 양립할 수 있는 정도의 자유를 누려야 하고, 사회적·경제적 불평등은 가장 혜택을 받지 못한 사람들에게 최대의 혜택이 돌아가도록 해야 한다고 그는 생각했어요. 즉 기회 균등을 보장하는 제도

정의와 변혁을 꿈 꾼

가 많아야 한다는 거지요. 그러면 인종이나 성
별에 따른 차별도 없고, 구성원들은 자신이 혜
택을 받지 못하게 되더라도 공정함을 믿고 상
황을 받아들이게 될 거니까요.

롤스는 개인의 자유에서 재산을 제외함으
로써 로크와 같은 18세기 선배 철학자들의 전
통을 깨뜨렸어요. 복지나 평등을 앞세워 다른 권리를 침해할 수는 없
었고, 또 그의 '차이의 원칙'에 따르면 형편이 가장 어려운 사람들을
위하여 부의 재분배를 강제할 수도 있어야 했어요. 그렇기 때문에 재
산은 개인의 자유에 포함시킬 수 없었지요.

『정의 이론』을 출판하고 20년이 지난 뒤, 롤스는 주장을 약간 수정
했는데 신이나 도덕성에 의존하지 않고 호혜, 존중, 공정성에 기초하
여 자유주의를 방어했어요. 그는 그 일이 '공통의 합의'의 기반이 되
기를 바랐어요.

1980년대와 1990년대에 복지 자본주의의 흐름과 서독의 불균등 심
화에 실망하여, 롤스는 마지막 책인 『공정성으로 정의를 다시 말하다』
에서 평등주의적 자유주의를 강조했어요. 여기에는 재산 소유의 민주
주의나 시장 사회주의 같은 것이 소개되어 있답니다.

Conservatism and Neoconservatism
보수주의와 신보수주의

> 보수주의와 신보수주의는 비슷해 보이지만 상당히 다른 특징을 갖고 있답니다. 보수주의자는 실용적인 전통주의자로 기존의 제도를 존중하고 물려받은 지위를 수용하는 편이에요. 한편 신보수주의는 1960년대에 미국에서 일어난 반체제 문화에 대한 반응으로 시작된 이념이에요. 특히 국제 문제 분야에서 신보수주의자들은 민주주의를 적극적으로 앞세우고 있지요.

보수주의냐, 아니냐 하는 것은 이념 같은 정치적 성격보다는 마음의 상태와 관련이 있어요. 18세기, 혁명의 시대에 글을 썼던 에드먼드 버크는 최초의 보수주의자라고 할 수 있답니다. 그는 전통과 기존의 문화가 주는 혜택을 극찬했고 이것을 바꾸려고 하는 것은 위험한 일이라고 경고했지요.

미국 식민지에서 직접세를 부과하는 인지 조례에 대해 저항이 일어났는데, 이때 버크는 미국 사람들의 감정과 관습을 살펴야 한다고 주장했어요. 그는 전 국민이 반대한다면 아마도 그 법이 잘못된 거라고 생각했지요. 시대와 상황에 주의를 기울이는 것이 올바른 과정이라 본 거예요. 버크가 가장 크게 청중을 사로잡은 것은 프랑스 혁명에 대한 이해였어요. 그는 규칙만 강조하고 문화나 경험을 고려하지 않으면 인간의 권리조차 무시될 수 있다고 생각했답니다.

보수주의자들은 인간이 완벽할 수 없다고 생각했어요. 정부가 인간을 개선하고자 법을 만드는 일은 시간 낭비일 뿐이라고 생각했지요. 또

**정의와 변혁을
꿈   꾼**

추상적인 것을 극히 싫어했어요. 입헌주의와 전통의 가치에 대한 존중은 19세기 유럽에서 지속적인 반혁명 동맹의 기반을 형성했고, 민족주의 운동과도 긴밀하게 연합했어요.

사회주의가 떠오르고 자유주의가 쇠퇴의 길을 걷게 되자 보수주의는 시민에 대한 간섭을 가능한 한 최소화하는 정부, 즉 작은 국가를 주장하고 한때 자유주의의 영역이었던 개인의 자유를 크게 존중했지요.

한편 신보수주의는 1960년대에 미국 존슨 대통령의 새로운 정책으로 인해 세금이 높이 부과되고 국가의 개입이 커지는 것에 대한 반발로 시작되었어요. 실제에서는 성, 피임, 낙태 문제로 사회의 도덕적 기준이 무너지는 위기에 주목하고 있었지요.

이렇게 질서를 되찾으려는 움직임 속에서 이들은 공산주의와 맞서게 되었어요. 레이건 대통령은 소비에트 연합을 '악의 제국'으로 공격했지요. 이어서 적극적으로 민주주의와 미국의 문화와 가치를 퍼뜨려야 한다고 주장했답니다. 신보수주의자를 '네오콘'이라 부르는 데 이들이 내세운 것 중 하나는 서구의 가치관이 다른 비민주적인 가치관, 특히 이슬람 극단주의 테러리즘 같은 것을 능가할 것이라는 점이었어요. 그들은 다른 비민주적 가치가 가난에서 나왔고, 국가와 종교가 너무 밀접한 관계를 맺고 있다고 생각했지요. 그들은 세계를 민주화함으로써 평화를 널리 퍼뜨리게 될 것이라고 주장한답니다.

2장

제국의 지배자

EMPIRE BUILDERS, CONQUERORS AND RULERS

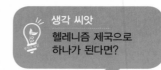

생각 씨앗
헬레니즘 제국으로
하나가 된다면?

**대륙을 이은
정복자**

알렉산더 대왕

알렉산더 대왕은 영토 정복과 과학적 탐구에 열정적이었어요. 그가 건설한
서양 최초의 제국은 나중에 로마 제국과 헬레니즘 세계의 기반을 이루었지
요. 알렉산더 대왕은 소그디아에서 칸다하르, 이집트에 이르기까지 70개 도
시를 건설했다고 해요. 각 도시에는 경기장, 사원, 축제장, 극장이 갖추어졌는
데 이는 그리스의 지배력을 확장하고 유지하기 위한 도구였답니다.

알렉산더 대왕은 기원전 336년에 아버지인 필립
2세에게서 마케도니아의 왕위를 물려받았어요. 그
는 당시 초강대국이었던 페르시아 제국을 무너뜨렸
고 이집트에서 인도에 이르는 영토를 정복했답니다.
알렉산더 대왕은 고대의 교역로에 있던 도시를 아무 생각 없이 정
복한 게 아니었어요. 또 골치 아픈 적에게 복수하려던 것도 아니었고
요. 그는 지중해 연안 전체를 정복하고자 했어요. 아시아와 유럽, 두
대륙의 화합을 위해 도시들을 합병해야 한다는 게 그의 주장이었답
니다. 어쩌면 그는 제국 전체를 헬레니즘 문화로 묶고자 했는지도 모
르겠어요.
알렉산더 대왕은 서방 세계에 군주제를 도입했어요. 왕은 권위의
유일한 원천이 되었고, 그리스 도시국가의 전통과는 다르게 권력 피
라미드의 꼭대기를 차지했지요. 알렉산더 대왕처럼 그의 후계자들도

정의와 변혁을
꿈   꾼

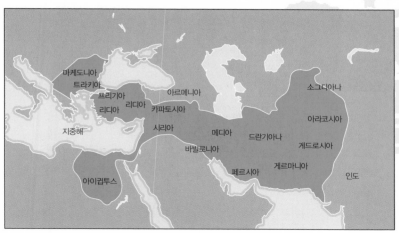

마케도니아
트라키아
프리기아
리디아
리디아
아르메니아
카파토시아
지중해
시리아
메디아
바빌로니아
드란기아나
페르시아
게르마니아
소그디아나
아라코시아
게드로시아
아이깁투스
인도

알렉산더 대왕이 남긴 것은 대륙을 횡단하는 문화적·정치적 주도권이었는데, 그 영향력은 그가 죽은 뒤에도 수백 년 동안 계속되었다.

군대를 잘 통솔해야 했어요. 이제 전쟁은 매우 전문적인 과업이 되었고 종종 8만 이상의 군사가 동원되기도 했어요. 알렉산더 대왕은 자신을 따르는 사람들에게 절대적인 복종을 강요했는데, 그의 계승자들도 이를 모방했지요. 알렉산더 대왕은 자신이 정복한 새 도시들이 총독의 지배를 받게 했어요. 그리스 정착민들은 자신이 배운 것을 동양에 전했고, 동양 사상이 서양으로 전파될 수 있는 길을 열었지요. 알렉산더 제국의 역사는 짧았지만 제국이 남긴 문화적 유산은 지금도 곳곳에서 찾아볼 수 있답니다.

Alexander the Great

출생 기원전 356년, 마케도니아 펠라
업적 서양 최초의 제국을 건설
사망 기원전 323년, 바빌론

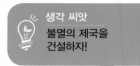
생각 씨앗
불멸의 제국을
건설하자!

중국을
만든 왕
진시황

중국(China)이라는 나라 이름은 진(Ch'in)에서 나왔어요. 이 제국은 기원전 221년, 최고 권력을 가졌던 진시황에 의해 세워졌답니다. 당시 정치적 충성 서약은 신하 된 자의 최대의 의무였고, 부모를 섬기는 의무보다 우위에 있었지요. 진시황의 제국은 오래가지 못했지만 지금의 중국을 만드는 데 기여했어요.

진나라의 성공은 정교한 중앙 집중식 국가 권력 덕분이었어요. 처음에는 진나라 안에서, 나중에는 정복한 영토 전체에 걸쳐 법 제도를 엄격하고도 한결같은 방식으로 적용했답니다. 문화적 동질성도 꾀했는데 문자 체계와 측량법을 표준화했지요. 봉건 영주의 특권을 폐지했고, 군대의 이동을 돕기 위해 도로를 닦았어요. 그리고 나라를 전복하려는 세력을 막기 위해 의학 같은 실용서를 제외한 모든 책을 불태우기도 했지요.

진 왕조의 가장 위대한 업적은 요새와 신호탑 체계를 건설한 것이에요. 기존의 방어 시설인 성곽을 연결했는데, 보하이부터 내몽골을 거쳐 황허까지 확장되었고 결국 현재의 간쑤 성 지역까지 이르렀답니다. 이 요새는 2000년간 이어 오고 있어요.

진시황은 죽음의 공포에 사로잡혀서 거대한 무덤을 건설하기도 했

정의와 변혁을
꿈   꾼

어요. 그 무덤은 1975년에 처음으로 발견되었는데, 서로 연결되어 있는 왕궁의 중심부에 위치하고 있었어요. 또 그 안에는 무덤을 지키기 위해 실물 크기의 흙으로 구운 군인 모형 6000점을 만들어 두었답니다.

진시황의 건설 과업에는 징용에 끌려온 수천 명의 일꾼이 동원되었는데, 그들 중 다수는 이동 중에 사망했어요. 건설 과업은 엄청난 세금을 부과해 불만을 야기했지요. 진나라는 진시황이 죽은 뒤 겨우 4년을 버텼어요. 진시황은 통치 이론에도 관심이 있었고, 법률을 중시한 철학자인 한비자의 글을 읽고 그를 존경했다고 알려져 있어요. 하지만 그는 유교에서 요구하는 왕의 미덕에는 관심이 없었어요. 역사적 상황에 따라 정부 형태나 정치 제도가 달라지고, 인간의 행동 또한 외부 조건에 따라 변한다고 생각했기 때문이에요.

통치자에 대한 충성 서약을 강조했던 진시황은 행정관들의 효율성에도 주의를 기울여야 했고, 그들이 권력을 지나치게 휘두르거나 본분을 게을리하지 않도록 감시해야 했지요. 아무도 신뢰할 수 없었던 진시황의 제국은 그리 오래가지 못했지만, 막강했고, 지금의 중국을 만들었다고 해도 과언이 아닙니다.

Shih Huang-ti

출생 기원전 256년경
중국 진
업적 중국에서 최초로 중앙 집중식 국가 권력을 확립함
사망 기원전 210년,
중국 사구

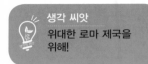
생각 씨앗
위대한 로마 제국을
위해!

위대한
군대 지도자

율리우스 카이사르

율리우스 카이사르는 로마의 집정관 중 한 사람이었어요. 그의 군사적, 정치적 성취는 500년간 지속된 로마 제국의 기반을 형성했답니다. 그는 천재적인 지도자이자 정치가였고 로마 최초의 역사가 중 한 사람이었어요. 제국의 건설에 도움이 되는 강력한 정부 체계를 만든 덕분에 카이사르는 2000년이 지난 지금까지 서양 정치사상에서 빼놓을 수 없는 이름이 되었답니다.

카이사르의 정치적 야심은 대단했어요. 그리스·로마 세계의 안정과 번영을 위해 세계를 지배하겠다는 것이었어요. 카이사르에게 영감을 준 이는 알렉산더 대왕이었는데, 그는 영토를 정복하고 나면 자기 군대의 용사들에게 땅을 내려 줌으로써 그곳을 로마화하는 정책을 펼쳤지요.

카이사르는 폼페이우스와 자신의 경제적 지원자였던 크라수스와 동맹을 맺고 가울의 총독이 되었어요. 최초로 영국을 공격하는 등 그곳에서 거둔 성공 덕분에 로마에서 정치적 야심을 펼칠 수 있었지요. 폼페이우스는 그가 없는 동안 힘을 축적하고 있었고, 기원전 49년에 이탈리아의 모든 군대를 장악하게 되었지요.

카이사르는 군대를 해산하라는 원로원의 경고를 따르지 않고 루비콘 강을 건너 내전에 불을 붙였어요. 내전에서 그는 놀라운 인내력과

정의와 변혁을
꿈   꾼

지도력을 보여 주었고, 결국 폼페이우스는 죽음을 맞이했지요. 카이사르는 이집트와 아나톨리아 일부를 정복했는데, 그곳에서 그는 클레오파트라의 매력에 빠졌다고도 해요.

논란의 여지가 있지만, 폼페이우스의 독재에서 로마를 구하기 위해 카이사르는 독재적인 권력을 잡아야 했는데 그의 적들은 이 점을 비난했어요. 독재적인 권력을 휘둘렀던 몇 달 동안 카이사르는 질서 있고 정직한 행정을 회복하고자 했답니다.

카이사르는 역법, 법률, 측량법의 합리화에 관심이 많았어요. 로마 식민지의 정부에 표준형을 도입했고, 카르타고와 코린트 등 정복한 도시의 권리를 회복시켜 주었으며, 참전 용사와 도시 프롤레타리아에게 토지를 제공하는 혜택도 늘렸어요. 패배한 반대자들에게는 관대했고 로마 식민지로 몰려든 외국인들에게 시민권을 확대했답니다. 로마에서는 티베르 강의 운하 개발과 같은 실용적인 계획을 세웠고 도심에서 바퀴 달린 운송 수단의 운행을 금지했어요. 또 비판이 따르기는 하지만 카이사르는 자신을 널리 알리고 정당화하기 위해 역사 저술 작업도 많이 했다고 합니다.

Julius Caesar

출생 기원전 100년, 이탈리아 로마
업적 로마 제국 건설의 길을 닦았음
사망 기원전 44년, 이탈리아 로마

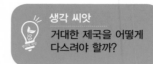
생각 씨앗
거대한 제국을 어떻게
다스려야 할까?

기독교로 권력을 얻은 샤를마뉴

> 샤를마뉴 제국은 북이탈리아부터 다뉴브 강까지 이르렀으며 남쪽으로는 이슬람 세력, 북쪽으로는 야만인의 침입을 물리칠 만큼 강력했어요. 거대한 제국을 건설한 그는 종교적 권위를 세속적 무기로 활용해 교회 관료 정치를 펼쳤답니다. 기독교를 기반으로 하는 이 제국은 약 1000년 동안 지속되었고, 이후로도 계속 민주주의자들과 독재자들에게 영감을 주었다고 해요.

프랑크 제국의 왕은 전통적으로 군대의 힘에 기대어 권력을 유지하고 있었고 샤를마뉴도 예외가 아니었어요. 하지만 그가 일으킨 전쟁에는 충격과 경외를 넘어서는 새로운 목적이 있었는데, 그것은 바로 기독교를 전파하는 것이었답니다. 30년간의 전쟁으로 마침내 색슨족을 무찌르고 그들은 다뉴브 강 동쪽으로 프리지아 족과 슬라브 족을 정복하게 되었고, 이탈리아 북부와 교황을 위협하던 롬바르드 족도 몰아냈답니다.

거대한 왕국을 건설하고 나자 문화와 언어가 다른 민족을 어떻게 지배해야 하는지가 문제였어요. 이때 자유인들로 구성된 군대가 중요한 역할을 했는데, 그들은 새로 정복한 영토의 땅을 하사받고 샤를마뉴에게 충성을 맹세했지요. 또 하나의 방편으로 예부터 있었던 교회 관료 정치를 계속해서 확대하고 강화해 나갔답니다. 샤를마뉴는 측량

56

정의와 변혁을
꿈 꾼

출생 747년, 프랑스
업적 통일된 기독교 유럽
을 형성함
사망 818년, 독일 아첸

샤를마뉴는 종교적 권위를 활용하여 자신의 정치 권력을
강화하는 데 뛰어난 재능이 있었다.

법을 표준화했고 외교술을 써서 교역도 확장했어요.

교회 관료 정치는 그의 행정 시스템의 일부가 되었지요. 샤를마뉴
는 종교적 권위를 세속적 무기로 활용했답니다. 그와 관료들은 교회
규범과 성직자, 교회 재산의 수호자로 나섰으며, 그때까지 교회의 보
호를 받고 있던 주교와 수도원장의 임명을 좌지우지했어요. 더 나아
가 교회의 가르침과 그리스 로마 시대의 위대한 정신을 퍼뜨리고자
그는 교회와 도서관을 세웠고, 르네상스 운동의 기반을 닦았답니다.

800년, 교황 레오 3세에 대한 반란이 일어났을 때 샤를마뉴는 로
마로 갔어요. 레오 3세는 스스로 물러나면서 샤를마뉴 황제에게 왕
관을 씌워 주고 동시에 신권을 왕권에 넘기면서 교황을 보호할 의무
를 그에게 부여했어요. 이로써 기독교 제국의 황제가 등장하게 되었
답니다.

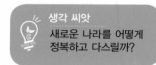

생각 씨앗

새로운 나라를 어떻게
정복하고 다스릴까?

전 세계적 지배자 칭기즈 칸

> 몽골의 유목민 부족에서 태어나 칭기즈 칸은 태평양에서 아드리아 해에 이르는 넓은 제국을 건설했어요. 이는 인접한 지역으로는 역사상 가장 큰 제국이었고, 그의 영향은 오늘날에도 그 지역의 정치에 남아 있어요. 당대의 연대기 작가는 그를 헌신적인 에너지와 대단한 안목, 이해력, 천재성을 갖춘 잔인한 정복자이자 용감하고 경외감을 불러일으키는 인물로 표현했답니다.

알려진 바로는 테무친이 몽골의 유명한 특공대 부족에서 태어났다고 하지만, 그의 삶에 관해 진위를 확인할 수 있는 것은 별로 없어요. 테무친은 카리스마 있는 성격으로 사람들에게 깊은 인상을 주었다고 해요. 그는 2만 명의 군사를 이끌고 강력한 동맹군과 함께 등장했고, 부족의 우두머리를 학살하고 그 추종자들을 자신의 군대에 끌어들임으로써 몽골의 부족을 통일하기 시작했어요. 동맹 관계든 친족이든 상관없이 무자비할 정도로 정복해 1206년이 되자 '전 세계적 지배자'라는 뜻의 '칭기즈 칸'으로 불리게 되었답니다.

칭기즈 칸은 새로운 나라를 정복할 준비를 했어요. 나라 자체가 전쟁의 도구가 되어 군대를 제공하고 유지하도록 조직화되었고, 충성도에 따라 선발된 지휘관들이 나라를 다스렸지요. 처음에 몽골 군대는 튼튼한 토종 조랑말을 타는 기병대로 구성되었는데 이는 빠른 공습에 유리했지요. 하지만 훈련이 잘된 적군과 만나게 되자 칭기즈 칸은 더욱 정교한 공격 무기를 개발했답니다. 아마도 그는 글도 읽고 쓸 수 있게 되었을 거예요. 몽골 언어를 처음으로 적게 된 것도 이 시기였어요. 읽고 쓰는 능력을 활용하게 되고 조언자들로부터 교역이나 농업, 정복한 영토의 장인과 생산자들에게 세금을 부과하는 것 등을 배웠던 것 같아요.

4년간의 출정 후 1215년에 칭기즈 칸은 현재 이란의 위치에 있었던 화레즘 제국을 향해 진군했고, 직전에 베이징을 점령했어요. 제국은 계속 확장되었고 이후 수백 년 동안 더욱 강해졌지요. 그의 제국은 중국 전체로 뻗어 나갔고, 그 무렵 동유럽에서는 황금 군단이라고 불리던 킵자크 칸국의 도전이 러시아의 정치 발전에도 영향을 주었답니다.

칭기즈 칸의 놀라운 성공은 군사 기술과 조직화 덕분이었지만 도시 전체와 싸우기보다는 공포를 활용해 스스로 항복하게 만드는 데 있었어요. 그의 군대는 의사소통 수단을 개발한 것으로도 알려져 있어요. 통신용 비둘기를 활용한 것은 넓은 영토를 하나로 묶는 데 큰 역할을 했지요. 칭기즈 칸은 몽골의 가장 위대한 영웅이었고, 소비에트 시대에는 저항의 인물이었고, 그 이후 국가 쇄신의 상징이 되었답니다.

Genghis Khan

출생 1162년경, 몽골
업적 군사 전략과 공포를 활용하여 세계에서 가장 큰 제국을 건설
사망 1227년

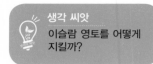

생각 씨앗
이슬람 영토를 어떻게
지킬까?

이슬람
성전주의자

살라딘

살라딘은 예루살렘과 아라비아의 여러 지역을 십자군으로부터 되찾았어요.
예루살렘이 십자군에게 넘어간 지 88년 만이었지요. 그는 독실한 이슬람교
도이자 열정적인 성전주의자였어요. 전쟁에서는 기사도 정신을 발휘했고 승
리한 후에는 백성들에게 관대하게 자비를 베푼 것으로 명성이 높았어요. 그
는 곳곳에 회교 사원과 대학을 세웠고 성전을 장려하는 책들을 남겼답니다.

　　　　　　　 살라딘의 아버지는 지금의 시리아로 이주한 쿠
르드 사람이었어요. 시리아는 아라비아의 지중해
연안을 따라 십자군이 점령하고 있던 지역의 동쪽
경계 바로 너머에 있었고, 젊은 살라딘은 기독교도
들과 싸우면서 군사 기술을 익혔지요.

　시리아의 통치자이자 유능한 전사였던 누레딘은 자신의 추종자였
던 살라딘이 1171년 이집트 왕위에 오르도록 도왔어요. 살라딘은 이
집트 사람들에게 지지를 호소했고, 주도면밀하게 수니파의 신임을 회
복함으로써 시아파의 상비군을 무력화시켰지요. 그리고 200년 동안
강력한 통치자가 부재했던 나라의 경제와 안정을 되찾는 일에 착수
했답니다.

　살라딘은 누레딘의 경쟁자로 변모하기 시작했고 십자군이 주둔한
국가를 자신과 시리아 사이의 완충 장치로 활용했어요. 1174년에 누레

60

정의와 변혁을
꿈　　　꾼

딘이 세상을 뜨자 살라딘은 농업이 발달해 부유했던 이집트의 지원을 받아 다마스쿠스에 입성했답니다. 그러면서 간간이 기독교도들과 마찰을 빚기도 했지요. 살라딘의 첫 번째 목표는 이집트뿐 아니라 현재 이라크 북부와 팔레스타인에 속하는 이슬람 영토를 안전하게 지키는 것이었요. 마호메트가 죽은 후 거의 500년 동안 심각하게 분열되어 있던 이슬람교도들은 살라딘에게 끌렸답니다. 그는 독실하고 개인의 영광을 바라지 않는 관대한 통치자였어요.

1187년에 팔레스타인 북부, 하틴에서 살라딘은 2차 십자군 군대를 무찌르고 큰 승리를 거두었지요. 타이레를 차지하는 데는 실패했지만 그의 군대는 지중해 연안 도시들을 대부분 점령했고 석 달 후에는 예루살렘을 되찾았답니다. 이에 곧 리처드 왕이 이끄는 3차 십자군이 일어났고, 두 지도자는 서로 존중하는 분위기에서 싸웠다고 해요. 리처드 왕의 말이 죽자 살라딘은 말 두 필을 선물했고, 또 병에 걸리자 자신의 주치의를 보냈다는 기록이 남아 있어요.

앞선 시대의 샤를마뉴와 마찬가지로 살라딘도 종교를 이용해 자신의 정치 권력을 강화했어요. 하지만 샤를마뉴와 달리 살라딘은 종교적인 이유가 더 중요했지요. 십자군과 싸웠던 이유도 이슬람교를 지키기 위해서였답니다.

Saladin

출생 1137년,
이라크 티크리트
업적 십자군에 빼앗겼던
예루살렘을 이슬람교의
땅으로 되찾음
사망 1193년,
시리아 다마스쿠스

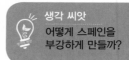

생각 씨앗
어떻게 스페인을
부강하게 만들까?

페르디난드 2세와 이사벨라 1세

스페인을 통일한
가톨릭 군주

> 아라곤의 페르디난드 2세와 카스티야의 이사벨라 1세의 결혼으로 스페인의
> 두 왕국은 하나가 되었어요. 가톨릭으로 나라는 더욱 견고해졌고 크리스토
> 퍼 콜럼버스의 신대륙 탐험을 지원함으로써 교황으로부터 '가톨릭 군주'라
> 는 특별한 칭호를 부여받았지요. 탐험과 정복이라는 정책은 스페인을 부유
> 하게 만들었고 그 유산은 지금까지 이어지고 있답니다.

페르디난드 2세와 이사벨라 1세가 결혼할 당시
스페인은 오랜 내전으로 황폐화된 상태였어요. 왕
권을 잡기 위해 벌인 전쟁은 지도력을 널리 알리고
귀족들을 장악할 수 있는 수단 중 하나였지요. 그라
나다의 무어 족과의 전쟁의 승리로 가톨릭은 이슬람보다 우위를 점하
게 되었답니다.

처음에 페르디난드 2세와 아사벨라 1세는 무어 족의 종교적 자유
를 허용하는 전통적인 관습을 따랐어요. 아라곤 왕국 인구의 5분의
1은 여전히 이슬람교도였고, 거의 3분의 1에 달하는 사람들이 공식적
으로는 가톨릭으로 개종했지만 여전히 자신의 오래된 종교를 계속 따
르고 있었지요. 이에 이사벨라 1세는 대규모의 개종을 강제하기로 결
심했고 가톨릭주의는 나라 안에서는 군주의 지위를 강화하고 나라 밖
에서는 팽창주의 정책을 정당화하는 데 이용되었답니다.

62

정의와 변혁을
꿈   꾼

비기독교인들이 진정으로 개종했는지를 확인하는 종교재판이 교회 재판소가 아닌 왕립 재판소에서 열렸어요. 이것은 교회를 이용해 가톨릭 군주가 권력을 장악한 사건이었지요. 왕을 위하여 임의로 재판을 열고 그로써 공포를 조장하는 일은 권력 남용의 전형이 되었어요. 마키아벨리는 『군주론』에서 효과적인 군주로 페르디난드를 여러 번 언급했답니다.

그런데 정치적 이익을 위해 종교 권력을 이용하려던 페르디난도 2세와 이사벨라 1세의 시도가 늘 성공적이지는 못했어요. 최초의 종교재판장인 토르케마다는 1492년에 유대 인 추방을 촉발했고, 이는 귀중한 수입원의 손실을 의미했어요. 또 나라의 행정을 근대화하면서 카스티야 귀족층을 성공적으로 견제하고 무력화시켰지만 실제로 그들의 재산에는 손을 대지 못했어요. 이 두 가지 요소는 경쟁적인 유럽에서 스페인 경제 발전에 악영향을 주었지요. 그러나 1492년 페르디난도 2세와 이사벨라 1세는 콜럼버스의 탐험 여행을 지원했어요. 원래 이 대장정은 동쪽으로 가는 해상 경로를 발견하려는 것이었는데, 이후 팽창주의로 이어져 스페인의 경제력 강화를 도왔답니다.

※ **팽창주의** 주로 군사적 침략을 통해 국가가 영토 기반을 확장하려는 정책. 신대륙의 발견으로 새로운 부와 영토를 차지하려는 경쟁이 격렬해지자 등장한 용어이다.

Ferdinand and Isabella

출생 페르디난드 2세 1452년, 스페인 아라곤
이사벨라 1세 1451년, 스페인 카스티야
업적 스페인 통일
사망 페르디난드 2세 1516년, 스페인 마드리갈레호, 이사벨라 1세 1504년, 스페인 메디나델캄포

Colonialism

식민주의

{ 식민주의란 한 나라가 다른 나라를 정복하여 통치권을 행사하고 원주민을 예
속하는 것을 말합니다. 식민주의의 역사는 대부분 교역과 관련이 있어요. 약
탈 행위를 막거나 적국을 무찌르기 위해, 때로는 경쟁국이 거점을 확보하는
것을 막기 위한 것이었지요. 19세기에는 발달된 서구 문화를 식민지 사람들에
게 전한다는 명분을 내세우기도 했답니다. }

초기부터 식민주의는 토착 문화를 개척자의 문화로 대체하는 것을 의
미했어요. 기존의 행정 체계를 정교한 구조로 바꾸고 세금을 걷거나 보호
를 강조하기도 했지요. 식민주의가 독점할 원자재와 시장을 찾아 나서고
보호 의무를 무겁게 부과하는 것이었던 200년간의 중상주의 시대를 지
나 19세기 영국의 산업혁명 이후 자유무역의 부상과 함께 새로운 식민주
의인 제국주의가 시작되었답니다. 자유무역은 경쟁적으로 더 유리한 시
장을 요구했지요. 식민지 개발에 더 많은 주의가 기울여졌고 정부도 더
긴밀하게 관여하게 되었어요.

이와 동시에 유럽에서 신대륙으로 이주하는 사람이 크게 증가했답니
다. 1820년과 1920년 사이에 유럽인 약 5500만 명이 가난과 박해를 피하
고 자유와 부를 꿈꾸며 이주했어요. 또 미국에서는 동부에서 서부로의
대이동과 내부적인 식민지 건설이 일어났지요. 기술의 차이 때문에 원주
민의 예속은 쉽게 이루어졌어요. 원주민의 활과 화살로는 개척자의 총과
겨룰 수 없었지요. 정복이 불가능하거나 곤란한 경우에는 종종 원주민을

지정 거류지에 가두었어요. 20세기에 접어들면서 사회 다윈주의자들은 서구 인종이 우수하다는 과학적 근거를 내세우기도 했답니다.

진보적이고 급진적인 비평가들은 '경쟁'의 경제적 동기를 조사했어요. 1902년에 J. A. 홉슨은 『제국주의 연구』에서 제 기능을 하지 못한 시장의 결과가 제국주의라고 주장했지요. 즉 자본주의가 제국주의의 주요 원인이고, 자본주의가 없었다면 제국주의는 그렇게 발전하지 못했다는 거예요.

진보적 자유주의자이면서 사회 개혁을 옹호한 홉슨은 식민지 개발의 대유행을 자국 내 시장이 너무 작고, 산업에서 경쟁이 부재했던 것에서 찾았어요. 레닌도 독점적이면서 금융 자본의 지배를 받게 된 자본주의의 최고이자 마지막 단계가 제국주의라고 생각했답니다. 제국주의는 경제적 환경을 조성했고 시장 필요성을 충분히 만족시키기 위해 제국주의 전쟁을 일으켰지요.

제1차 세계 대전 후 조지프 슘페터가 발전시킨 생각은 20세기의 가장 영향력 있는 주장이 되었답니다. '자본주의는 평화와 자유무역의 시대에 최선을 다했다. 독점과 제국주의는 자본주의의 적이었다.'

1945년 이후 제국주의는 빠르게 철수했고, 대신 무기와 현금과 문화를 내세우는 초강대국의 제국주의, 즉 '부드러운 제국주의'가 그 자리를 차지했답니다.

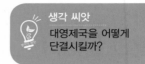

생각 씨앗
대영제국을 어떻게
단결시킬까?

**왕의 심장을
가진 여인**

엘리자베스 1세

1558년에 여왕으로 즉위해 45년 뒤 세상을 떠나기까지 엘리자베스 1세는 자
신의 이름과 함께 영국의 황금시대를 열었답니다. 문학, 경제 등 여러 분야가
꽃피었고 영웅적인 인물들이 등장했으며 군사적 승리의 시대이기도 했어요.
'왕의 심장을 가진 가냘픈 여인'은 쉼 없이 무역로와 새 영토를 찾아 나섰고,
이런 해외 탐험은 300년 후 대영제국의 등장을 예고했지요.

엘리자베스 1세가 이복 언니인 메리 1세의 뒤를
이어 왕위에 올랐을 때에는 피비린내 나는 짧은 통
치로 끝날 것 같았어요. 종교적 갈등이 있었고, 경쟁
자들은 왕위를 노렸고, 반란도 일어났지요. 하지만
유창한 프랑스 어와 이탈리아 어를 구사하며 머리끝에서 발끝까지 최
고의 보석을 두르고 등장한 야심 많은 정치가였던 엘리자베스 1세는
모두를 압도했답니다.

그녀는 왕의 권위에 관한 튜더 왕조의 신념을 받아들였는데, 여기
에서 군주는 모든 신하를 대표하고 의회에서 신성한 권리를 행사하는
존재였어요. 왕은 성가시게 하는 귀족과 토지를 소유하고 있는 상류
계층을 잠잠하게 만드는 데 의회를 이용할 수 있었답니다.

'나는 다른 사람들의 영혼을 들여다 볼 창문을 내지 않겠노라'라
는 말에서 짐작하듯이 엘리자베스 1세는 종교적 관용을 보여주었어

66

정의와 변혁을
꿈   꾼

요. 가톨릭과 프로테스탄트를 인정하는 합의를 이루었지요. 하지만 둘 다 충분히 만족시키지는 못했어요. 가톨릭에서는 끊임없이 엘리자베스 1세의 정당성에 도전했고 사촌인 스코틀랜드 메리 여왕을 세우려고 했지요. 여러 차례의 음모 끝에 메리 여왕은 1587년 2월에 처형되었답니다.

엘리자베스 1세는 겉으로는 세력 균형 정치를 폈어요. 하지만 영국의 국력이 프랑스나 스페인보다 떨어진다고 생각해 견제의 끈을 늦추지 않았지요. 특히 스페인의 지배에 저항하는 네덜란드 프로테스탄트의 반란을 지원해 가톨릭이 국교인 스페인과 전쟁을 치렀어요. 스페인 필립 2세는 대형 갈레온선 130척으로 이루어진 침략 함대를 준비했지만, 영국은 작은 배 200척으로 스페인의 무적함대에 맞서야 했지요. 전쟁을 치르기 전 엘리자베스 1세는 성모 마리아처럼 하얀 드레스 갑옷을 입고 나가 군대 앞에 서서 "국왕은 연약하고 가냘픈 여인의 몸이지만 영국 왕의 심장을 갖고 있다"는 선언을 했어요. 군대는 사기충천해서 무적함대 스페인을 무찌를 수 있었지요.

나라를 단결시킨 엘리자베스 1세는 이제 새 영토를 찾아 나섰고, 인도를 첫 식민지로 삼았어요. 그곳에 동인도회사를 세웠지요. 하지만 의회가 점점 더 중요해졌고 도시 중산층이 발달하기 시작했으며 신성한 권리에 의한 통치라는 생각에도 저항이 생기기 시작했어요. 혼란의 세기가 이어졌지만 당대의 문학가들은 엘리자베스 1세를 영광의 상징인 '글로리아나'로 기억한답니다.

Elizabeth I

출생 1533년, 영국 런던
업적 종교적 갈등과 경쟁에 저항하며 45년 동안 통치함
사망 1603년, 영국 리치몬드

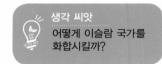

생각 씨앗
어떻게 이슬람 국가를
화합시킬까?

관용의
이슬람 지도자

악바르 황제

인도 북부 무굴을 다스린 악바르 황제는 종교적 관용을 바탕으로 훌륭한 행정 체계를 만들었답니다. 스스로를 이슬람 지도자로 생각한 악바르는 이슬람 세계를 구현한 화합과 이상의 도시 '파테푸르 시크리'를 세웠어요. 그곳은 이슬람의 예술 양식뿐 아니라 힌두와 유럽의 양식도 반영되었지요. 지방 관료 제도, 조세 제도 등 그의 국가 관리 체계는 효율적이고 견고했어요.

악바르는 자신의 조상이 칭기즈 칸, 그리고 페르시아, 이집트, 티메르의 악명 높은 정복자까지 거슬러 올라간다고 보았어요. 그의 할아버지는 1526년에 인도 북부를 정복했지만, 아버지에 이어 악바르가 13세에 왕위를 물려받았을 때는 거의 아무것도 남아 있지 않았어요. 통치 기간 내내 전쟁이 이어졌지만, 그는 정복한 지역의 왕들을 너그러움과 명예로 대했답니다.

시아파 이슬람 교도였던 악바르는 자신을 이슬람 지도자인 '이맘'으로 생각했어요. 신성한 빛의 수혜자이자 공정한 지배자라고 믿었지요. 이맘은 지혜와 학식이 있는 플라톤의 철학자 왕과 비슷해요. 그런데 악바르의 신하들은 주로 힌두 교도였고, 자이나교, 조로아스터교, 유대교, 크리스트교를 믿는 사람도 상당수였답니다. 이슬람 교도는 소수였지요. 그래서 스페인의 종교 재판처럼 통일성을 강요하기보다는 차이를 인정하고 관용을 장려하는 시스템이 필요했어요.

　보통 이슬람 국가들은 다른 종교를 접하면 개종을 강요했답니다. 하지만 악바르는 보편적인 관용의 원칙인 '술라쿨'을 따라 현세의 평화와 번영을 보장하고자 했어요. 악바르는 이슬람교도가 아닌 사람들에게 한정된 세금을 폐지했고, 과부를 제물로 바치는 일과 노예 제도도 인정하지 않았어요. 악바르는 종교적인 화합을 이루려는 과업을 매우 진지하게 추진했어요. 학식 있는 모든 종교 대표자들과 토론을 벌이고 범신론적인 종교를 만들기도 했답니다.

　악바르는 정교한 후원 제도도 만들어 병사들과 관료들을 자신의 직접 지휘 아래 두었답니다. '나와브'로 알려진 지방 관료 제도를 도입해 기록 담당자와 함께 주민 관리를 맡겼어요. 평화를 유지하고, 성가신 아들들과 신하들의 도전을 억누르면서 악바르가 제국을 관리하고 세금을 부과하기 위해 설계한 행정 체계는 매우 효율적이어서 200년 후 영국이 인도를 관리할 때에도 기반이 되었답니다.

독실한 이슬람 교도이던 악바르는 제국의 통일을 유지하고자 모든 종교를 법으로 동등하게 대우했다.

Akbar the Great

출생 1542년, 인도 우마르코트
업적 견고한 행정 체계를 확립
사망 1605년, 인도 아그라

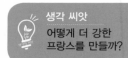
생각 씨앗
어떻게 더 강한
프랑스를 만들까?

**혁명을 전파한
제국주의자**

나폴레옹 보나파르트

> 프랑스의 황제 나폴레옹 보나파르트는 샤를마뉴의 전례를 따라 주도권을 쥐고 프랑스 혁명의 이상을 전 유럽에 전했답니다. 그는 지나가는 자리마다 민족국가에 대한 염원을 남겼고, 민족주의는 이후 150년 동안 전 세계를 지배했어요. 그가 남긴 유산은 혁명의 정신을 지키는 행정, 입법, 사법, 교육의 중앙 집중 체제였고, 이것은 오늘날까지 이어지고 있지요.

나폴레옹은 프랑스에 속한 코르시카 섬에서 태어났어요. 그의 가족은 이탈리아계였지만 나폴레옹은 교육을 위해 프랑스로 보내졌지요. 그는 사상가의 책을 폭넓게 읽었고 프랑스의 급진적인 개혁을 옹호하는 글을 발표하기도 했어요. 1795년에 왕당파의 반란을 제압한 그는 공화국을 구했다는 명성을 얻게 되었지요. 곧 국내 주둔 군대의 사령관이 되었고, 그다음에는 이탈리아 원정군의 사령관이 되어 정복 전쟁을 시작했답니다.

1805년 트라팔가르 해전의 패배 이후 그는 한동안 평화로운 시기를 보내다가 1812년에 러시아로 진격했어요. 그때의 패배는 재앙에 가까웠어요. 1814년에 그는 엘바로 유배를 갔고, 1815년에 파리로 다시 입성했지만 결국 워털루에서 마지막으로 패배하고 말았답니다.

나폴레옹은 프랑스의 행정 체제를 완전히 바꾸었는데, 그것은 볼

정의와 변혁을
꿈 꾼

테르, 루소와 같은 철학자의 견해를 대체로 따른 것이었어요. 법의 체계화에도 힘써 이때 만들어진 '나폴레옹 법전'은 지금도 프랑스를 지배하고 있어요. 1804년에 공포된 나폴레옹 법전은 개인의 자유, 표현과 양심의 자유, 법 앞에서의 평등을 보장한답니다.

중앙 집중 체제는 각 부처를 담당하는 장관을 통해 이루어졌어요. 종신제로 임명되는 독립적인 법관과 중앙은행인 프랑스 은행이 있었지요. 가장 혁명적인 조치 중 하나는 계몽주의자들이 주장했던 것인데, 중등 교육을 국가가 책임지게 된 것이랍니다.

자신은 종교에 무관심했지만 나폴레옹은 1801년 교황과의 조약을 후원했고 이로써 프랑스와 교황이 화해했어요. 황제의 자리에 오를 때 나폴레옹은 교황에게서 왕관을 받았지요. 신앙의 자유가 보장되었으며, 교황은 교회 재산의 징발을 인정했답니다.

유럽에서 민족주의 사상이 발전하는 데 나폴레옹의 기여는 직접적이라 할 수는 없어요. 혁명을 겪고 국경이 다시 그려지자 사람들은 정치계의 창공이 그다지 굳건하지 않음을 알게 되었지요. 결국 국내 통치자에 저항했던 것과 마찬가지로 나폴레옹의 지배에 대해서도 저항이 일어났어요. 스페인, 이탈리아, 독일에서는 나폴레옹의 헤게모니에 대한 반대가 일어났고, 이에 따른 국가적 감정은 결국 나폴레옹을 패배로 이끌게 되었답니다.

> Napoléon,
> Bonaparte
>
> **출생** 1769년,
> 코르시카 아작시오
> **업적** 프랑스에서 영속하는 중앙 집중 행정 체제를 확립함
> **사망** 1821년,
> 세인트 헬레나

Nationalism

민족주의

> 전통적으로 민족주의에서는 국가에 충성할 것을 요구하며 개인에게 정체성을 부여합니다. 민족주의를 이해하기 위해서는 민족주의 자체의 특성뿐만 아니라 무엇이 민족주의가 아닌지도 살펴볼 필요가 있어요. 21세기의 민족국가는 계속 진화하여 충성의 중심이 지역이나 민족성으로 대체되어 민족주의에서 암시하는 통일성이 지정학적 경계를 넘어서기도 하지요.

민족국가라는 개념은 19세기에 존재했던 합스부르크 제국이나 오토만 제국 같은 중앙 집중식 대제국을 무너뜨리는 데 쐐기 역할을 했답니다. 로마 시대부터 권력에 대한 충성에는 지역주의와 보편주의가 혼재했어요. 즉 봉건 영주와 신성로마제국에 대한 충성이 섞여 있었지요.

민족주의의 기원은 영국의 개혁으로 거슬러 올라갑니다. 당시 영국은 마치 노예와 같다는 자각에서 저항을 시작했고, 로마로부터 독립하여 자유를 얻고 싶었어요. 가톨릭 국가였던 스페인의 위협도 저항을 더욱 부추겼지요. 유럽에서 자유라는 이름으로 나폴레옹이 벌인 대원정은 절대 군주에 대한 충성심을 불러일으켰어요. 역으로 나폴레옹에 반대하기 위해 영토, 문화, 언어에 대한 충성이라는 새로운 의식이 생겨났지요. 이것은 자주권과 '국가 의지'라는 루소의 사상과 결합하여 19세기 후반의 강력한 정치적 무기로 발전했답니다. 민족 정체성의 발견은 뒤이어 일어난 민족주의 투쟁에서 결정적인 요소였어요. 전해 오는 관습이나 문학을 재발견하고, 억압된 언어와 민족성을 되찾으려는 운동이 이에 해당돼요.

베르사유 조약에서 동유럽 국가들의 독립을 인정함으로써 유럽 제국의 해체가 마무리된 후, 민족주의에 내재된 약점이 평화를 위협하기 시작했어요. 히틀러는 과거 지도자들의 배반을 뒤로하고 위대한 독일을 재건하겠다고 약속함으로써 권력을 잡았어요. 이후에 그는 독일의 문화적 정체성을 활용하여 라인 지방, 오스트리아, 체코슬로바키아로 영토를 확장했고, 홀로코스트를 야기했던 인종주의 정책을 정당화했답니다.

　유럽에서는 민족주의에 대한 평판이 나빠졌지만 반식민지 운동에 영감을 불러일으켰어요. 인도 독립운동이 영토 민족주의였다면 이슬람교 파키스탄은 종교 민족주의를 내세웠어요. 그들은 힌두교가 우세한 인도의 일부가 되는 것을 거부했어요. 오늘날 종교 민족주의는 전 세계적으로 이슬람 소수 집단의 강력한 무기랍니다. 또 미국으로 건너간 민족주의는 반식민지주의 운동에서 급진적인 흑인 권력 운동의 배후 사상이 되었어요. 식민지 권력을 누렸던 서구의 국가들은 이제 역사나 지역, 문화에 의존하지 않고 국가의 정체성을 분명히 밝힐 수 있는 길을 모색하고 있답니다.

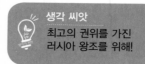

러시아의 어머니 캐서린 대제

{ 통치 기간 동안 캐서린 대제는 러시아의 국경을 흑해와 유럽 중심부까지 확장했답니다. 그녀는 볼테르와 루소의 사상에 관심이 많았고 진보주의자였어요. 하지만 세상을 떠날 때에는 반동분자이자 독재자로 남았지요. 그녀가 추진한 개혁은 국민들에 대한 통제를 더욱 강화했을 뿐이고, 확장 정책은 유럽과의 갈등을 깊게 만들었다고 평가받았어요. }

캐서린은 세력이 크지 않은 독일 왕족의 공주로 태어났어요. 러시아 피터 대제의 딸인 엘리자베스는 미덥지 못한 아들을 결혼시키려고 무명의 캐서린을 발탁했지요. 18년 동안 캐서린은 무능력한 남편이 주는 굴욕과 궁중의 비웃음을 견뎌 내는 한편, 남편 대신 나라를 통치하고자 근대적인 군주의 자질을 갖추기 위해 은밀히 공부를 했답니다.

엘리자베스가 죽자 피터가 왕위를 계승했지만 곧 궁중과 멀어졌고, 캐서린은 재빨리 군대의 힘을 빌려 왕위를 빼앗았어요. 그리고 개혁이라는 이름으로 그리스 정교회의 재산을 몰수해 재정적 위기를 해결했어요. 또 유럽의 주요 세력들과 좋은 관계를 유지함으로써 서쪽 국경에서는 평화를 유지하는 한편 남쪽에서는 전쟁을 일으킬 준비를 했답니다.

남쪽의 오토만 제국은 러시아가 흑해와 지중해로 진출하는 데 있

정의와 변혁을
꿈   꾼

어 장애물이었어요. 이들과의 싸움에서 승리를 거둔 지 얼마 안 되어 국내에서는 캐서린의 남편을 앞세워 왕권을 되찾으려는 반란이 일어났어요. 이 반란은 곧 제압당하긴 했지만, 봉건주의 대신 자유주의를 도입하려고 했던 캐서린의 원래 계획은 완전히 뒤집히게 되었지요. 입법 개혁을 시도하려던 혁명적인 제안은 발표도 되지 못한 채 보류되었어요. 토지를 많이 소유한 귀족들의 부의 원천이던 러시아 농노들은 노예 신분에서 풀려나지 못했을 뿐 아니라 더욱 가혹한 조건에 놓이게 되었고, 농노 제도는 실제로 우크라이나까지 확대되었답니다.

캐서린은 궁중의 위엄으로 권위를 강조했지요. 그는 자신을 러시아 국가 전체의 어머니로 선포했고, 모든 책략을 동원하여 자신의 통치에 관해 거의 신비적인 분위기를 조성했어요. 하지만 혁명의 그림자가 이미 유럽 전체에 퍼지기 시작했고 개혁을 요구하는 목소리는 빠르게 퍼져 나갔어요. 나라는 결국 러시아, 프로이센, 오스트리아로 나뉘어졌답니다.

여러 비판에도 불구하고 러시아 경제를 성장시키고 사회의 문을 서구로 향해 열어젖히며 여제로서 캐서린은 놀라운 일을 이뤄 냈답니다.

Catherine the
Great

출생 1729년,
프로이센 슈테틴
업적 30년 넘게 러시아를
다스리면서 엄격한 확장주
의 정책을 펼쳤음
사망 1796년, 프로이센 상
트페테르부르크

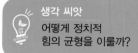

생각 씨앗
어떻게 정치적
힘의 균형을 이룰까?

**균형을 중시한
철의 재상**

오토 폰 비스마르크

프로이센의 수상이자 독일의 재상이었던 비스마르크는 전쟁과 능숙한 외교
술로 나라를 통일했어요. 그의 말처럼 민주적 원칙이 아니라 '피와 철에 의해
서' 중대한 사안들이 결정되었고, 나라 안의 모든 진보적인 움직임을 억눌러
혁명의 위협을 막아 냈답니다. 그는 나라 안팎으로 힘의 균형을 중시하는 정
책을 펼쳤고, 어느 나라보다 앞서 연금보험 제도를 도입했어요.

보수적인 프로이센 지주의 아들로 태어난 비스
마르크는 별로 눈에 띄지 않는 학생이었고, 32세에
보수 정치에 끌리기 전까지는 집안의 토지나 관리할
것 같았어요. 비스마르크는 유럽에서 혁명을 일으켰
던 진보적인 중산층이 더 가난한 계층을 이용해 경제적인 이득을 노
리고 있다고 믿었어요. 마르크스와 달리 그의 목표는 성장과 안정을
찾는 다양한 계층의 욕망을 만족시킴으로써 보수적인 질서를 보존하
는 것이었지요. 독일 연방의 프랑크푸르트 의회 대표로 일하면서 그는
프로이센의 보수주의자에서 독일 민족주의자로 바뀌었답니다.

1862년에 그는 프로이센의 수상이 되었는데, 독일을 프로이센의 지
배 아래 넣고 오스트리아를 남쪽의 슬라브족 영토로 제한하려는 계획
을 서서히 실행하기 시작했어요. 비스마르크는 소작농에게 참정권을
주어 자유주의에 대항하는 방어벽으로 활용하고자 했고, 황제가 정부

정의와 변혁을
꿈   꾼

를 꾸릴 수 있는 권리를 유지했다는 점을 제외하면 새로운 '북독일 연방'에서는 아주 급진적인 법률이 만들어졌답니다. 1870년, 프랑스와의 전쟁으로 마침내 남부 독일 국가들의 지지를 얻어 오스트리아를 제외한 '작은 독일'을 이룩했지요.

그렇게 해서 유럽 본토는 러시아, 오스트리아–헝가리, 프랑스, 독일, 이렇게 네 세력권으로 나뉘어졌어요. 비스마르크의 능숙한 외교술은 힘의 균형을 유지하고 발칸에서 터키 세력이 급격히 약화되는 것과 같은 돌발 상황을 완화시키는 데 큰 역할을 했지요. 나라 안으로도 비슷했어요. 그는 균형을 지키고자 국가를 세속화하였고 종교적 질서를 해체했어요. 만약 진보적인 쪽으로 기울면 보수적인 지주들이 도시의 사회 민주주의자들에게 대항하도록 경제 보호 조치를 도입하는 식이었지요.

비스마르크는 좌파를 '근절해야 하는 대상'이라며 공격적으로 반대했어요. 하지만 복지 개혁을 통해 혁명에 동조하는 사람들 중에서도 지지층을 형성하고자 노력했지요. 연금보험 제도와 같은 조치는 당시 어떤 유럽 나라들보다도 앞선 것이었답니다.

Otto von
Bismarck

출생 1815년,
프로이센 쇤하우젠
업적 독일의 나라들을 프로이센 지배 아래로 통일
사망 1898년,
독일 프리드리히스루

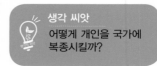

생각 씨앗
어떻게 개인을 국가에 복종시킬까?

**나치즘
독재자** 아돌프 히틀러

> 1933년부터 1945년까지 독일을 지배한 독재자 히틀러는 국가 사회주의라는 이념을 만들었어요. 그는 자유와 평등을 거부하고 국민 의지의 대표로서 총통의 권위를 선언했답니다. 그의 통치 아래에는 다른 어떤 정당도, 어떤 반대 의견도 있을 수 없었어요. 모든 것이 히틀러와 히틀러주의 프로파간다를 통해 표현되었고, 강력한 국가-경찰 조직이 통일성을 강화했답니다.

나치즘은 19세기 후반의 다양한 사상에서 자라났는데, 그중에는 낭만적 민족주의, 아리안 족의 우월성에 대한 신념, 특히 니체의 '초인' 개념으로 표현되는 지도력에 대한 독일의 이상 등이 있었어요. 나치즘은 진화와 투쟁에 관한 다윈의 이론에서도 영향을 받았지요. 1920년에 국가 사회당의 지도자가 된 후 히틀러는 그러한 생각들과 독일의 19세기 군국주의 전통을 결합한 메시지를 분명히 밝혔어요. 이 것은 제1차 세계 대전의 패배 이후 경제적, 정치적으로 침체되어 있던 상황에서 사람들에게 호소력을 발휘했답니다.

1925년 이방인 정부에 대한 쿠데타 실패 후 감옥에서 지내는 동안, 히틀러는 자신의 정치적 생각을 모아 『나의 투쟁』을 쓰기 시작했어요. 그는 국가가 대중 의지의 표현이자 수호자이며 개인은 모두 그에 복종해야 한다고 주장했답니다.

정의와 변혁을
꿈   꾼

히틀러는 유럽의 독일어권 민족들을 모두 통일하려는 야심을 숨기지 않았어요. 공통의 정체성을 강조함으로써 국가들을 하나로 모을 수 있었지요. 이탈리아의 무솔리니처럼 히틀러도 독일에 대한 위협으로 러시아 공산주의를 지목했고 온 나라가 결집하여 러시아에 대항해야 한다고 주장했어요. 히틀러의 어휘 목록에서 '공산주의'는 '유대교'와 거의 동의어였지요. 독일의 경제적 몰락에 대해 히틀러가 비난한 은행가들은 '유대인답다'고 공격을 받았어요. 히틀러주의에서는 유대인이 아리안 족의 순수성을 약화시키고 위험에 빠뜨린다고 보았고, 독일에 기생하는 민족으로 묘사되었어요.

나치즘에는 민족주의뿐만 아니라 사회주의적인 성격도 있어서, 자본주의에 반대했어요. 정확히 말하면 진보적인 자유를 멸시했답니다. 1934년 국민투표로 인정을 받아 히틀러의 전체주의 통치가 시작되었어요. 하지만 히틀러의 야심은 유럽에 이미 존재하던 경계를 자극했고, 마침내 영국과 프랑스는 1939년 군대를 일으켰지요. 1945년 결국 히틀러는 무너지게 됩니다.

※ 프로파간다 선전원에 대한 충성을 불러일으키기 위해 대중의 인식과 신념을 조작하는 모든 시도. 지도자의 목표가 국가의 최선의 이익이 된다는 신념을 유지해야 하는 전체주의 통치에서 필수적이다.

Adolf Hitler

출생 1889년,
오스트리아 브라우나우
업적 아리안족의 우월성을
주장하면서 국가 사회주
의를 만듦
사망 1945년, 독일 베를린

Totalitarianism
전체주의

> 전체주의 통치에서 국가는 공적, 사적인 모든 삶을 통제하며 종종 독단적인
> 방식을 취하고 극도로 억압하기도 해요. 1948년 조지 오웰이 쓴 소설 『1984
> 년』에 묘사된 것처럼 전체주의는 언론과 대중매체를 통해 강화된답니다. 서
> 양의 히틀러와 스탈린, 동양의 마오쩌둥과 폴 포트는 수백만 명의 사람들을
> 죽음에 이르게 했고, 전체주의 통치의 무자비함을 보여 주었지요.

　　1920년대 초반에 무솔리니와 그의 대필 작가인 철학자 조반니 젠틸레
는 국가가 시민들을 통제하고 장악하는 것을 설명하는 데 '전체주의'라는
표현을 썼어요. 전체주의 통치는 단순한 독재와는 구분됩니다. 이미 존재
하던 교회와 노동조합 같은 기관을 모두 파괴하고, 파괴할 수 없는 기관
은 예속 상태로 만드는 것이 전체주의 통치의 전형이지요.

　　공포도 전체주의의 특별한 무기랍니다. 안정화되고 개방적인 법 체제
가 없을 때 공포가 생겨나는데 시민들은 불안 속에 살아가야 하고 잘못
붙잡히면 끔찍한 결과를 겪게 되며 보여 주기 식의 재판으로 공포가 증
폭되기도 해요.

　　독일계 미국 철학자 한나 아렌트는 『전체주의의 기원』에서 공포가 개
인의 자발성을 말살한다고 봤어요. 전체주의가 세상의 문제를 하나의 쟁
점이나 적으로 만들어 버린다는 거지요. 즉 파시즘에서는 인종, 공산주
의에서는 계급이 하나의 쟁점이 되지요.

　　몽테스키외는 보통의 정부라면 목적에 맞는 최선의 법 체제를 만드는

것이 관심사이지만 전체주의의 목적은 사람들을 체제에 맞추는 것이라고 했어요. 또 장 자크 루소를 비판한 사람 중에는 그가 자유를 강요하는 사상으로 전체주의 통치를 정당화한다고 주장하기도 했지만 분명히 그런 의도는 아니었지요.

제2차 세계 대전이 끝나자 전체주의가 재발되는 것을 방지하는 것이 서양 외교 정책의 주요 관심사가 되었어요. 독재자를 막아야 한다는 신념은 나세르 이집트 대통령이 표적이 되었던 1956년 수에즈에서의 공격, 그리고 2003년 이라크와 사담 후세인 대통령의 공격을 옹호하는 데 이용되었답니다. 하지만 1970년대에 캄보디아의 폴 포트의 경우에는 서구 세력이 다르게 대응했어요. 독재자가 공산주의에 반대하고 있었기 때문에 킬링필드를 용인했지요. 또 공격적인 이슬람 세력을 파시스트의 초기 형태로 간주하고 그들이 전체주의로 발전할 가능성에 대해 경고하는 사람들도 있답니다.

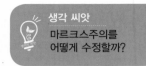

생각 씨앗
마르크스주의를
어떻게 수정할까?

전제적 폭군 이오시프 스탈린

> 역사상 가장 많은 사람들을 죽인 이오시프 스탈린은 소비에트 연방을 강한
> 산업 경제로 탈바꿈시키면서 미국을 위협했고, 그 결과는 냉전으로 이어졌
> 답니다. 스스로 국민의 수호자라 여긴 스탈린은 자신을 비판하는 사람이나
> 경쟁자들, 그리고 어느 날 비판자나 경쟁자가 될 수 있는 사람들까지 누구든
> 자신과 나라의 적으로 몰았어요.

 이오시프 스탈린은 당시 러시아 제국에 속해 있
던 조지아에서 가난하게 자랐어요. 그는 강한 러시
아 억양과 정규 교육을 받지 못한 점을 이용하여 뛰
어난 정치적 재능을 숨겼어요. 결국 공산당 서기장
의 자리에 올랐고 전제적 권력을 30년간이나 누렸지요.

공식적인 정치 이론가는 아니었지만 스탈린은 독재적인 권력, 개인
숭배, 반대자에 대한 무자비한 학대 등에 의존하는 정치 체제에 자신
의 이름을 붙였답니다. 권력의 속성을 예리하게 이해하고 있었고, 쉽
게 이해되는 강력한 정치적 메시지를 만들어 낼 줄 알았어요.

마르크스가 주장한 프롤레타리아 혁명이 실패하자 공산주의 이론
은 급히 수정되어야 했어요. 혁명을 뒷받침하고, 스탈린이 이끄는 공
산주의가 제대로 작동하고 있음을 증명해야 했던 거예요. 소비에트
연방의 최후 승리, 즉 소수에 머물렀던 산업 노동자 계급이 승리하려

면 경제적 전환이 필요했답니다.

마르크스주의와 국가 사회주의를 내세워 스탈린은 급히 산업화를 이룩할 거대한 국가 기구를 만들었어요. 인적 비용이 엄청나게 많이 필요했지만 스탈린은 마키아벨리보다도 공포의 유용성을 더 잘 이해하고 있었지요. 농업 생산성을 높이고 생산을 산업화한다는 명목으로 러시아 농부들 2500만 명을 집단 농장으로 끌고 갔고 저항하는 사람들은 모두 처벌했어요. 공장이 목표 달성에 실패하면 관리자는 공개 재판을 받고 처형당하거나 유배를 갔지요.

집권 후 10년이 지나자 스탈린은 계급 투쟁을 강화하는 이론을 개발했는데, 오래된 착취자들은 제거될 상황에서 더욱 위험해진다고 주장했지요. 내부의 적을 물리쳐야 했기에 위조된 자백으로 유죄 선고를 받은 군대 지도자들과 예전의 정치 동맹자들까지 제거해야 할 대상에 포함시켰답니다. 개인 숭배와 연결된 스탈린의 국가 공산주의는 특히 중국의 마오쩌둥과 북한의 김일성에게 영향을 미쳤답니다.

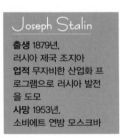

Joseph Stalin

출생 1879년,
러시아 제국 조지아
업적 무자비한 산업화 프로그램으로 러시아 발전을 도모
사망 1953년,
소비에트 연방 모스크바

스탈린주의에서는 자본주의자들의 잠입에 대항하여 충직한 소비에트 연방이 끊임없이 싸움을 벌이며 존경 받는 지도자가 이를 지켜보는 것을 상상했다.

3장

정치 혁명가

REVOLUTIONARIES
AND NATION BUILDERS

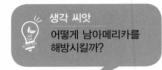
남아메리카의 해방자 시몬 볼리바르

볼리바르는 자유를 위해 싸웠어요. 민주주의를 앞세워 남아메리카의 약 3분의 1에 달하는 지역을 스페인의 지배로부터 해방시켰지요. 그리고 유럽의 정치사상을 라틴 아메리카의 문화에 맞춰 도입했답니다. 볼리바르는 19세기 혁명가의 원형이었어요. 놀라운 용기로 대담하게 주도권을 발휘한 군대 사령관이었으며, 카리스마 넘치는 지도자였고, 대중의 전설적인 연인이었어요.

카라카스의 부유한 가정에서 태어난 볼리바르는 유럽에서 공부했어요. 그곳에서 로크나 홉스 같은 앞선 시대의 사상가들뿐만 아니라 볼테르, 몽테스키외, 루소의 사상을 접하게 되었지요. 로마를 방문했을 때 그는 자신의 운명에 대해 번쩍이는 불빛과도 같은 경험을 했다고 해요. '아메리카를 폭군으로부터 해방시킬 때까지 쉬지 않을 것을 나의 명예를 걸고 맹세합니다.' 그가 이러한 결심을 하던 시기에 나폴레옹은 이베리아 반도를 침공하여 스페인의 힘을 약화시키고 있었어요.

볼리바르는 민족주의 사상이 유럽을 사로잡기 시작하던 때에 독창적인 사상가로 두각을 나타냈어요. 남아메리카는 인구의 대부분이 원주민이고 극히 일부만이 스페인계였는데, 그는 이곳의 문화 정체성, 언어, 자연 경계를 고려하기 시작했답니다. 아메리카를 하나의 독립

체로 생각했으며, 그러한 생각을 '자메이카 주민들에게'라는 연설에서
드러냈어요. 자메이카는 볼리바르가 한동안 피신한 곳이었어요. 인종,
언어, 종교, 풍습에 의해 통일된 '하나의 신세계'를 건설하는 것이 그
의 숭고한 계획이었답니다. 그가 꿈꾼 신세계는 피부색과 신념을 초월
하는 강력한 정부 아래 하나가 된 안데스 제국이었지요.

볼리바르는 소수의 사람들을 이끌고 전투에서 연이어 승리를 거두
었어요. 그는 민족 정체성뿐 아니라 군사적 필요성에 의해 입헌주의
와 자유를 외쳤지요. 국가 권위냐 자유냐 하는 문제와 씨름하면서 그
는 확신을 가지고 강력한 정부를 지지했어요. 그는 강력한 중심이 없
어서 베네수엘라 공화국이 몰락했다고 보았기 때문에 스페인을 무찌
르는 모든 곳에서 영국을 모델로 삼는 자유주의 헌법을 제안했고 강
력한 정부를 이끌 독재자로 나섰답니다.

특히 볼리바르는 반대 없이 강력한 통치를 펼칠 수 있는 종신제 대
통령이 필요하다고 생각했어요. 1824년 말, 그는 콜롬비아의 대통령과
페루의 통치자가 되었고, 페루의 위쪽 지역은 그의 업적을 기려 볼리
비아라는 국가가 되었지요. 시몬 볼리바르라는 이름은 지금까지 급진
적인 민족주의의 상징으로 남아 있답니다.

※ 민족국가 하나의 문화 또는 하나의 민족
으로 이루어진 자주적 국가.

Simón Bolívar
출생 1783년, 카라카스
업적 남아메리카를 스페
인 지배로부터 해방시킨
혁명 지도자
사망 1830년,
콜롬비아 산타마르타

주세페 가리발디

이탈리아 민족주의자

> 가리발디가 태어난 해에 이탈리아는 지리적으로 해체되었지만 그가 세상을 떠날 때에는 자유주의 헌법을 갖춘 통일 국가가 되었고, 전 세계적인 민족주의 운동의 모델이 되었답니다. 가리발디는 용감했고 명분을 위해 기꺼이 자신을 희생했기 때문에 전 세계 민족주의자들에게 귀감이 되었어요. '로마가 아니면 죽음'이라는 선전 구호는 사람들에게 깊은 인상을 남겼답니다.

이탈리아는 오스트리아와 프랑스의 제국적 야심에서 벗어나 자유로운 나라로 민족을 재탄생시키고 싶었어요. 이를 토대로 한 이탈리아의 독립운동은 결국 통일로 이어졌지요. 이탈리아 독립운동에서는 개인의 희생과 영웅적 행동이 주목 받았어요. 군인 주세페 가리발디도 그랬답니다. 그가 전투에서 보여 준 늠름한 행동은 민족주의라는 새로운 이념을 돋보이게 했지요.

가리발디의 군사적 재능은 훨씬 더 빛을 발했는데, 당대의 정치적 동맹이자 공화정을 지지하는 민족주의자였던 주세페 마치니의 영향을 크게 받았다고 해요. 마치니는 가리발디가 전투에서 세운 공훈의 선전적 가치를 처음으로 알아본 사람이었지요. 당시 가리발디는 초기 사회주의자들, 특히 생시몽에게도 마음이 끌렸다고 해요.

1834년에 가리발디는 남아메리카로 망명했어요. 그곳에는 남아메

정의와 변혁을
꿈 꾼

리카의 해방자인 시몬 볼리바르의 위대한 정신이 살아 있었지요. 그는 그곳에서 게릴라전의 기술을 배웠고 1848년 혁명의 해에 때맞춰 영웅이 되어 유럽으로 돌아왔답니다. 교황을 로마에서 몰아낸 뒤 가리발디는 프랑스 군대에 포위되어 다시 퇴각할 수밖에 없었어요. 하지만 이때 19세기의 위대한 전설 하나가 만들어졌지요. 그와 수백 명의 전사들은 탈출에 극적으로 성공했고, 산마리노에 안전하게 도착했답니다. 가리발디는 계속해서 위대하고도 용감한 행동을 보여 주었어요. 그리고 명분을 위해 기꺼이 자신을 희생했지요.

가리발디의 망명은 1859년에 통일이라는 명분을 안고 끝납니다. 1860년 9월 캠페인을 벌이면서 그와 붉은 셔츠 당원들은 시실리와 나폴리 왕국을 손에 넣었어요. 이 정복지를 이탈리아 최초의 왕이 된 빅터 엠마누엘에게 넘겼는데 이 일로 가리발디는 세계적인 영웅으로 칭송을 받았어요. 가리발디는 가는 곳마다 거의 메시아처럼 환영을 받았고 아이들에게 세례를 주기까지 했답니다. 그의 카리스마는 가끔 군사적 책략이 부족한 단점도 가릴 수 있었지요. 그리하여 죽은 지 100년이 넘도록 가리발디는 20세기의 통치자에게 영감을 주는 전형적인 혁명가로 남아 있답니다.

Giuseppe
Garibaldi

출생 1807년. 프랑스 니스
업적 민족주의 이상을 구현하고 이탈리아 통일을 위해 노력
사망 1882년.
이탈리아 카프레라

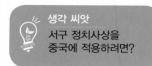

공화국의 아버지 쑨원

{ '공화국의 아버지'로 알려진 쑨원은 청 왕조에 대항하여 반란을 이끌었으며,
개혁을 주도하고 한 세대 후에 일어날 중국 공산 혁명의 길을 닦았답니다.
그는 국민을 위한 세 가지 원칙인 '삼민주의'를 제안했어요. 이는 서구의 민
족주의, 민주주의, 사회주의를 중국에 맞게 적용한 것이었지요. 쑨원은 황
제와 외국 세력의 간섭으로부터 중국을 해방시키기 위해 평생 노력했어요. }

쑨원은 중국 남동부 농부의 아들로 태어나 성공회
학교를 다녔고 나중에는 홍콩에서 교육을 받았어요. 그
는 기독교 신자였는데 일생 동안 많은 여행을 하면서
서구의 사상과 정치 발전에 대해 잘 알게 되었답니다.

19세기 후반 청 왕조는 무너져 가고 있었고, 특히
1894년 일본과의 전쟁에서 패한 후 마지막 몰락의 길을
걸었어요. 쑨원은 열한 차례나 혁명을 시도했다고 해요.
처음에는 300년 동안의 전제 정치를 어떻게 바꾸어야 할지 잘 알지 못
했어요. 일본, 유럽, 미국 등지를 떠돌며 망명 생활을 하다가 중국으
로 돌아온 그는 1905년에 개혁을 위한 광범위한 계획을 세웠지요. 그
는 '삼민주의'라 부르는 국민을 위한 세 가지 원칙을 제안했어요.

그가 제안한 계획에서는 신흥 기업가들이 주축이 된 자본주의와
지방 지주들의 전통적인 권력을 모두 통제하는 강력한 역할을 중앙

쑨원이 생각한 이상적인 정
부는 민족의 독립을 보호하
고 민중들에게 권력을 부여
하며 모든 국민들에게 생계
를 제공하는 정부였다.

Sun Yat-sen
출생 1866년, 중국 광둥성
업적 서구의 정치사상을
중국의 전통에 적용함
사망 1925년, 중국 베이징

정부에 부여했어요. 하지만 그는 중국의 대중들이 아직 민주주의를
펼칠 준비가 되어 있지 않다고 판단했어요. 그래서 보호 기간 3단계,
즉 '혁명의 3단계'를 제안했는데, 정부의 책임을 점점 강화시켜 강력한
권력을 중앙 정부에 이양할 계획이었지요.

결국 1911년 청 왕조가 몰락했을 때 쑨원이 만든 혁명 조직은 국
민당, 즉 민족주의자의 당으로 전환했어요. 1913년에 국민당은 새 의
회에서 다수의 의석을 차지했지요. 그러나 군사적 이해관계와 재정적
문제를 조절할 수 있을 만큼 민주주의가 제대로 확립되어 있지 못했
기 때문에 대중들의 지지에도 불구하고 그는 다시 망명을 떠났어요.

1916년에 다시 돌아왔지만 쑨원은 마지막 쿠데타를 시도하기 전에
세상을 떠났어요. 하지만 지지자들의 도움으로 그의 후계자인 장제스
가 1928년에 마침내 중국을 재통일했고 혁명을 완수할 수 있었답니다.

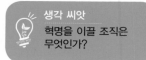
볼셰비키 혁명의 지도자 — 니콜라이 레닌

레닌은 1902년에 소논문 '무엇을 해야 하는가'에서 프롤레타리아의 선봉 역할을 할 작고 투지가 넘치는 정당을 상상했어요. 혁명이 일어나기를 기다리기보다는 혁명을 이끌 조직으로, 혁명 엘리트들이 중심인 정당이었지요. 레닌은 1917년 10월 러시아 혁명을 일으켰고, 새로운 소비에트 사회주의 연방 공화국을 이끌었으며, 70년 이상 이어질 전제정치의 기반을 마련했답니다.

블라디미르 일리치 울리야노프는 1901년부터 니콜라이 레닌이라는 이름을 쓰기 시작했어요. 똑똑한 변호사였던 그는 러시아에서 마르크스 혁명을 정당화할 수 있는 철학적 기반을 만들어 내는 일에 자신의 일생을 바쳤지요. 당시 러시아는 자본주의 국가보다 더욱 봉건적이었고, 『자본론』에 따르면 혁명을 일으킬 준비가 되어 있지 않은 차르 체제의 나라였어요. 러시아에는 점점 커지는 산업 부문에서 소작농들에 대한 착취가 심했기 때문에 서유럽에서 혁명의 기운이 무르익은 것과 똑같은 조건이 형성되고 있었답니다.

제1차 세계 대전이 일어나기 전 몇 해 동안 영국에서 일어난 파업과 사회주의자들의 활동에 고무되어 레닌은 산업화된 유럽이 혁명 직전에 와 있다고 믿었어요. 해외의 혁명으로 인해 러시아는 마르크스가 말한 사회주의 기간을 거치지 않고 공산주의로 곧바로 넘어갈 것이라는 이론을 만들었답니다.

제1차 세계 대전이 일어나자 레닌은 대부분의 사회주의자들이 자기 나라의 전쟁에만 총력을 기울이는 것을 보고 실망했어요. 하지만 그는 세계가 전쟁으로 지치게 되면 공정하고 민주적인 평화를 이룰 수 있는 유일한 수단이 혁명이라고 선언했지요. 제국주의에 대한 비난이 들끓으면서 이후 50년 동안 계속된 반식민지 운동이 시작되자 그는 자본주의의 마지막 단계에서 더 큰 이익을 추구하여 평화를 파괴하는 일이 일어날 것이라고 주장했답니다.

1917년 첫 혁명 후 러시아로 돌아온 레닌은 자유 민주주의적 제헌 의회에 직면하자, 의회가 평화를 가져오지 못하며 권력은 평의회, 즉 노동자들의 조직에 있다고 선언했어요. 프롤레타리아의 직접 통치는 궁극적으로 마르크스가 말한 유토피아로 이어져 국가 권력이 사라질 것이라고 믿었지요. 그는 첫 번째 혁명 정부를 실각시키고 소비에트 정부로 대체했답니다.

※ **일당국가** 하나의 정당만이 정부를 구성하거나 선거의 후보가 되는 정치 체제. 흔히 혁명의 배후에 있는 정당이 권력을 잡는 혁명 정부와 관련이 있다.

Vladimir Ilyich
Lenin

출생 1870년, 러시아 심비르스크
업적 러시아 차르 체제를 끝낸 러시아 혁명에서 중심 역할을 함
사망 1924년, 소비에트 연방 고르키

뚜벅뚜벅
정치의 발자국 Communism

공산주의

{ 공산주의에서는 생산 수단을 공유함으로써 인류가 계급 없이 조화롭게 사는 정치 체제를 꿈꿉니다. 사유재산을 부정하는 공동 생활 방식의 시도는 마르크스주의 이전에도 있었지만, 주요한 정치 운동으로서의 공산주의는 마르크스와 엥겔스에 의해 구체화되었어요. 그들은 혁명으로 프롤레타리아의 지배가 시작되면 공산주의가 출현하고 전 세계로 퍼질 거라고 보았답니다. }

마르크스와 엥겔스는 상인 계급인 부르주아로부터 프롤레타리아 노동자가 권력을 획득하는 공산 혁명을 생각했어요. 경제 권력이 더욱더 소수에게만 집중되고 그로 인해 프롤레타리아가 더 많아짐에 따라 혁명은 저절로 일어난다는 것이었지요.

레닌은 마르크스주의를 규율이 강한 고도의 중앙 집권적 혁명 정당이라는 러시아 전통과 결합시켰는데, 그러한 구조를 '민주적 중앙집권 체제'라고 불렀답니다. 안전한 소비에트 경계 안에서 혁명이 일어났고 레닌파에서는 세계적으로 혁명을 고무하기 위해 1921년에 공산당인 코민테른을 세웠어요. 만약 그 조직과 궁극적인 목표가 굳건했다면 계속해서 진화했을 거예요. 하지만 소비에트 연방 밖에서 갈피를 못 잡은 마르크스주의자들은 코민테른에 머무르지 못했지요. 유일하게 일관성 있는 메시지는 당이 한몸이라는 것이었어요. 반대 의견을 낸다는 것은 축출을 의미했답니다.

제2차 세계 대전 후 공산주의와 스탈린은 국제적인 명성을 얻었고 사회주의 정당들이 선거에서 강세를 나타냈으며 소비에트 연방의 서쪽 경계를 따라 이어진 지역에서는 공산주의 체제가 확립되었어요. 그리고 1949년 아시아에서도 혁명이 일어나 중화인민공화국이 세워졌답니다.

소비에트 공산주의의 단일 체제는 결국 약화되기 시작했어요. 당시 유고슬라비아 티토의 공산당은 제2차 세계 대전 이후 확실한 대중적 기반을 갖게 되었어요. 티토는 혁명 없이 공산주의가 실현될 수 있으며 두 개의 초강대국이 세계의 평화를 위협하고 있다고 주장했지만 모스크바는 티토를 침묵시키지 못했답니다.

마오쩌둥이 정권을 잡은 중국은 스탈린주의를 지켰고 흐루시초프가 정권을 잡은 소비에트 연방과 결별했으며 단일한 마르크스−레닌주의의 분열을 촉진했어요. 공산주의 단일 체제에 대한 세 번째 도전은 몇몇 개발도상국의 빠른 근대화였어요.

흐루시초프의 사망 후 브레주네프 체제에서는 혹한이 길게 이어졌고 자유화를 외친 체코슬로바키아와 폴란드를 탄압했어요. 중국에서도 중대한 개혁이 진행되었는데, 1991년부터 사기업이 사회주의 경제의 중요한 구성 요소로 간주되었지요. 법에 따르는 지배의 원칙도 받아들여졌어요. 마오쩌둥의 공산주의는 21세기 아시아에서 세력을 떨치고 있지만, 소비에트 공산주의는 쿠바에서 명목상으로만 남아 있답니다.

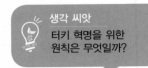
케말 아타튀르크

터키의 아버지

> 터키 공화국의 초대 대통령이던 아타튀르크는 야심차게 근대화를 추진해 종교와 분리된 근대 공화국을 수립했어요. 아타튀르크는 자신을 따르는 많은 사람들에게 영감을 주었으며 국가가 주도하는 혁명을 이끌어 터키에서 존경 받는 인물로 남아 있어요. 이슬람교 종교 지도자가 왕인 술탄의 나라 터키를 20세기로 이끈 그는 종교를 넘어 문화를 국가 정체성으로 삼았답니다.

케말 아타튀르크는 뛰어난 육군 장교로 제1차 세계 대전 때 갈리폴리 전투에서 연합군을 막아 낸 것으로 유명해요. 1918년 오스만 제국이 무너졌을 때 그는 마지막 술탄이던 메메트 4세에 저항하는 조직을 만들었어요. 연합국은 메메트 4세를 이용해 평화를 정착시키려고 했는데 그로 인해 제국이 갈라지게 되었지요. 이후 독립 전쟁에서 아타튀르크는 터키 어를 쓰는 지역을 거의 끌어안을 수 있는 국경을 확보했고, 300년 동안 술탄의 지배를 받았던 나라에서 문화를 국가 정체성으로 삼았답니다.

1923년에 새로 수립된 터키 공화국의 대통령이 된 후 이슬람 경쟁 국들의 호소를 멀리하는 것이 그가 시행한 개혁의 주요 쟁점이었어요. 아랍 의상을 금지하고 아랍어 표기 대신 라틴 문자를 변형하여 사용함으로써 미래 세대를 이슬람의 과거로부터 더욱 멀어지게 만들었어요.

아타튀르크는 근대의 터키 국가를 위한 여섯 가지 원칙을 세워 혁명을 이끌었답니다. 먼저 전통적인 통치자의 부활을 막고 민주주의를 방어하기 위해 공화주의와 인민주의를 내세웠어요. 그다음 원칙은 민족주의와 국가 통제주의였어요. 터키는 다국적 제국 및 외부의 간섭으로부터 독립된 민족국가로 정의되었어요. 또 공통 언어, 공유된 가치관과 문화로 통일되어 인종이나 종교에 관계없이 국경 안에서 태어난 모든 사람들을 끌어안았지요. 마지막으로 세속주의와 혁명주의는 구질서의 종교적·정치적 권력 구조를 무너뜨렸답니다. 회교 율법은 이탈리아, 프랑스, 독일을 본떠 만든 법률 체제로 대체되었어요. 여성들은 해방되었고, 1934년에 선거권과 피선거권이 부여되었고 이혼도 합법화되었지요. 모든 국민들은 법 앞에서 평등했답니다.

Kemal Atatürk

출생 1881년,
그리스 살로니카
업적 근대의 터키 국가,
즉 종교와 분리된 공화국
을 세움
사망 1938년,
터키 이스탄불

아타튀르크의 통치 원칙 여섯 가지는 터키 공화인민당
의 상징에 포함되어 있다.

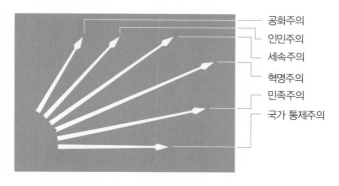

공화주의
인민주의
세속주의
혁명주의
민족주의
국가 통제주의

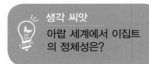

생각 씨앗
아랍 세계에서 이집트
의 정체성은?

아랍 세계의 영웅 가말 압델 나세르

1954년부터 1970년까지 이집트 대통령이던 나세르는 식민지 영향에서 자유
로우며 대서양에서 홍해에 이르는 범아랍 공화국을 꿈꾸었습니다. '나세르주
의'에서는 이집트를 아랍과 아프리카 양쪽에 속하면서 두 세계를 이어 주는
다리 역할을 하는 나라로 그렸지요. 하지만 나세르라는 인물에만 의존한 계
획은 1956년의 수에즈 위기를 정점으로 짧은 영광이 끝나게 됩니다.

　　　제2차 세계 대전으로 인해 이집트는 정치적으로도
사회적으로도 불안정했어요. 급진주의 운동과 우익 운
동 모두 권력을 잡기 위해 다투었고, 호전적으로 이슬람
운동을 펼치던 무슬림 동포단도 마찬가지였답니다. 한
편 1948년에 세워진 이스라엘은 아랍 세계가 하나로 뭉
치게 되는 명분을 제공했어요.

　　　군인이자 이스라엘에 대항한 전쟁 영웅이던 나세르
는 자유장교단을 이끌고 군주제에 반대하는 운동을 벌였어요. 그리
고 1952년 쿠데타에서 무함마드 나기브 장군을 이집트 공화국의 초
대 대통령으로 앉혔지요. 1954년에 나세르는 그늘에서 나와 수상이
자 실질적인 통치자가 되었는데, 그를 지지한 노동 조합과 노동자 계
층은 그가 아랍 사회주의를 실험할 수 있게 힘을 보태 준 권력의 기
반이었답니다.

98

정의와 변혁을
꿈　　　꾼

같은 해에 프랑스에 대항한 알제리 저항 세력을 도와주던 나세르는 『혁명의 철학』을 발표했어요. 이 책에서 나세르는 카이로에서 다마스쿠스, 바그다드, 암만까지 확장된 아랍 국가의 미래를 그렸답니다. 그 세계에서는 외국의 영향을 씻어 내고 이슬람 사회주의를 수립하여 자본주의와 마르크스주의 사이에서 제3의 길을 보여 줄 영웅을 기다리고 있었지요.

나세르는 새로운 아랍 국가가 종교의 현대화를 이끌고 외부의 간섭에 저항할 것이며 또한 아랍의 석유 자원 중 일부를 이집트 쪽으로 돌릴 수 있을 거라고 기대했어요. 한 세대 앞선 아타튀르크처럼 나세르도 현대화를 산업화 및 경제적 성장과 동일하게 생각했어요. 그는 세속화된 민주적 사회주의라는 미래를 꿈꿨는데 종교보다도 전통에 호소하여 이슬람 세계를 이끌기를 열망했지요.

1956년의 수에즈 위기로 나세르는 아랍 세계의 영웅이 되었답니다. 변화의 정점이던 1956년 그는 범아랍 국가로 가는 첫 단계로 이집트와 시리아를 연합하여 통일 아랍 공화국을 세웠어요. 통일 아랍 공화국은 시리아가 독립한 1961년까지 이어졌어요. 나세르는 1970년 죽음에 이를 때까지 다른 아랍 국가들을 연합할 수 있는 명분을 계속 찾았답니다.

Gamal Abdel
Nasser

출생 1918년,
이집트 알렉산드리아
업적 범아랍 공화국
을 제안
사망 1970년,
이집트 카이로

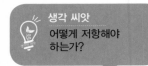
비폭력 저항의 아버지 마하트마 간디

위대한 인도의 아버지로 칭송받는 마하트마 모한다스 카람찬드 간디는 정치적 사회적 개혁을 달성하기 위해 비폭력이라는 원칙을 옹호했습니다. 이것은 반식민지 운동과 반인종차별 운동에 영감을 주었어요. 간디는 항상 자신이 정치인이 아니라고 주장했어요. 그의 관심사는 인간의 영혼이고 개인적으로 신을 찾는 것이라고 말했답니다.

젊은 시절 런던에서 법을 공부할 당시 간디는 신앙심이 깊은 어머니와 고기를 먹지 않겠다는 약속을 했고, 이를 지키려고 노력하다가 채식주의 운동의 선구적인 인물이 되었어요. 또 당시 읽은 힌두 시 『바가바드 기타』는 그에게 영혼의 사전이 되었지요.

그의 생애를 인도한 세 가지 원칙이 있었답니다. '사티아그라하'는 진리를 추구하는 것인데, 그는 이를 비폭력 저항으로 실천했어요. 이것은 무소유라는 뜻의 '아파리그라하'로 강화되었지요. 세 번째 원칙은 시련 앞에서의 평정을 의미하는 '사맙하바'였어요.

젊은 변호사로서 간디는 남아프리카에서 비유럽인에게 굴욕적인 제한을 가하는 법에 저항하는 최전선에 섰어요. 그 과정에서 소극적 저항과 비폭력 시위라는 개념을 강력한 정치 무기로 발전시켰지요. 존

러스킨의 반자본주의와 레오 톨스토이의 기독교 근본주의의 영향을 받아 간다는 현대 자본주의의 물질주의를 싫어하게 되었고, 더 단순한 삶의 방식을 개발하기 시작했답니다.

인도로 돌아와 1914년부터 그는 서양식 옷을 거부하고 수제 면으로 만든 인도 옷만 입었어요. 그는 독신주의자가 되었고, 자급자족하는 농장 '아시람'에서 새로운 생활 방식을 추구했어요. 제1차 세계 대전 후 그는 재판 없이 투옥하는 법 제정에 반대하는 운동을 벌여 거센 반응을 불러일으켰는데, 이는 인도인 400명이 죽은 암리차르 학살로 절정에 이르렀어요.

그는 모든 영국 기업을 배척했고 영국의 법을 거부했어요. 간디를 포함하여 수천 명이 감옥에 갔지요. 1930년부터 간디는 인도의 완전한 독립을 위해 헌신하게 되었어요. 소금에 부과하는 세금을 거부했고, 불가촉천민이라는 계급 개념에 저항했어요.

1942년에 그는 국회로 돌아와 영국이 인도에서 즉시 철수할 것을 요구했지요. 제국의 마지막 해에는 단식을 하며 악화 중이던 인도의 폭력 상황을 끝내려고 노력했지만 분열을 막을 수 없답니다. 인도의 독립은 1947년 8월 15일에 승인되었지요. 하지만 안타깝게도 그다음해 1월 30일, 간디는 암살당했어요.

※ 소극적 저항 평화적인 시위처럼 비폭력적인 방법으로 기존 정치에 저항하는 것. 폭력적인 대응에는 취약하지만, 많은 사람들이 동조하면 지배 권력에 타격을 줄 수 있다.

Mahatma Gandhi
출생 1869년,
인도 포르반다르
업적 소극적 비폭력 저항
을 실천
사망 1948년,
인도 델리

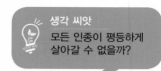

생각 씨앗
모든 인종이 평등하게
살아갈 수 없을까?

아프리카 평화의 상징 넬슨 만델라

{
1964년 법정에 선 만델라는 백인 우월주의와 흑인 우월주의, 모두에 맞서 싸웠으며 모든 이가 조화롭게 살고 평등한 기회를 누리는 사회, 민주와 자유의 이상이 소중하다고 말했어요. 27년을 감옥에서 보내고 평화로운 혁명을 통해 남아프리카 공화국을 민주주의로 이끈 만델라는 최초의 대통령이 되었지요. 그는 화해를 강조했고 도덕적 권위를 지닌 권력의 상징이 되었답니다.
}

남아프리카의 요하네스버그에서 변호사 훈련을 받을 때, 만델라는 '아파르트헤이트'라 불리는 인종 차별 정책이 주는 모욕을 매일 경험하고는 아프리카 민족회의(ANC)에 가담했어요. 만델라의 정치 철학은 간디의 영향을 크게 받았지요. 아프리카 민족회의에서 민주적이며 인종 차별을 반대하는 남아프리카를 건설하겠다는 의지를 천명한 '자유 헌장'을 승인한 뒤 만델라는 1956년에 처음으로 법정에 섰어요. 헌장에는 은행이나 광산 같은 기업의 국유화와 토지 재분배 등이 포함되어 있었지요.

1961년에 재판은 끝났고 만델라는 무죄로 방면되었어요. 하지만 아프리카 민족회의는 금지되었고 그는 비밀리에 활동해야만 했어요. 더욱 억압적인 조치가 이루어지자 평화 시위를 포기하기로 결정한 만델라는 '민족의 창' 결성을 도왔어요. 폭력이 거세질 것을 예상한 그는

102

정의와 변혁을
꿈   꾼

군사 훈련을 받았고, 정치적 지원을 얻기 위해 아프리카와 유럽을 떠돌았어요.

만델라는 자신을 사회주의자로 설명했는데, 그것은 토지가 부족에게 속했던 초기의 아프리카 사회를 열망했기 때문이랍니다. 그는 의회법에도 정통했고 법의 지배를 옹호했어요. 그가 남아프리카에서 벌인 싸움은 가난과 인간 위엄의 상실에 대항하는 것이었고, 사회주의와 다수에 의한 통치는 그가 발견한 해결책이었답니다.

1964년에 만델라는 종신형을 선고받고 가혹하기로 악명이 높은 로벤 섬에 수감되었지만 오히려 도덕적 권위를 보여 주었지요. 폭력적인 교도관들에게는 법정에 세우겠다며 맞섰고 감옥을 '섬 대학'으로 바꾸어 놓았으며 국가가 자신을 희생자로 만드는 권력 기관이 되는 것을 거부했답니다.

1980년대 중반부터 정부와의 협상이 비밀리에 시작되었어요. 하지만 만델라는 정부의 실질적인 항복 외에는 어떤 것도 받아들이지 않았어요. 1990년 그는 석방되었고 아프리카 민족회의는 다시 승인을 받았지요. 1994년에 남아프리카 공화국 최초의 자유 선거에서 만델라와 아프리카 민족회의는 표를 휩쓸고 권력을 잡았답니다.

Nelson Mandela

출생 1918년, 남아프리카 공화국 트란스케이
업적 남아프리카에서 초대 대통령
사망 2013년, 남아프리카 공화국 요하네스버그

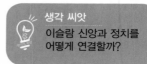
생각 씨앗
이슬람 신앙과 정치를
어떻게 연결할까?

이란의
신권 정치가

아야톨라 루홀라 호메이니

1979년 시아파 성직자 호메이니는 종교 혁명으로 팔레비 왕조를 전복하고 이란에 반서구적인 신권 정치를 확립했어요. 그는 신앙과 정치를 연결하여 '이슬람 법리학자의 통치'라는 원칙을 구상했어요. 성직자의 의지를 국민의 의지 위에 둠으로써 독재로 나아갈 수 있는 정치를 합법화했지요. 그는 전 세계 이슬람교도에게 찬사와 비판을 동시에 받았답니다.

호메이니는 1963년 리자 샤 팔레비의 '백색 혁명'에 반대하는 시위로 이름이 알려지기 시작했어요. 팔레비가 실시한 일련의 개혁은 상당 부분 아타튀르크의 구상에서 힘입은 것으로 법과 법정을 탈종교화하고 교육과 여성의 권리를 도입했지요.

성직자들은 자신들의 권력뿐 아니라 시아파 일반 신도들의 경건한 삶까지 약화시키는 개혁에 격렬하게 반대했어요. 1963년 호메이니는 이란 국왕을 비판한 죄목으로 추방당했답니다. 이후 15년 동안 그는 1979년의 혁명을 뒷받침한 이론을 개발했지요.

이슬람 인구의 5분의 1에 불과한 시아파는 대체로 하층 계급에 속했어요. 시골의 가난한 사람들 수천 명이 일자리를 찾아 테헤란으로 몰려왔고 복잡한 도시에서 표류했지요. 호메이니가 중간 계층의 주목

정의와 변혁을
꿈   꾼

을 끝지 못했다면 아마도 혁명은 일어나지 못했을 거예요. 중간 계층은 이란 국왕이 권력을 나누지 않기 위해 국민을 탄압하는 것에 불만을 품었고, 호메이니의 인기에서 자신들이 권력을 잡을 수 있는 길을 보았어요.

1979년 혁명이 일어난 몇 주 만에 호메이니는 이슬람 공화국을 선포했고 정통 시아파와는 더욱 멀어졌어요. 성직자들이 기초한 새로운 헌법에서는 그를 종신의 정치 및 종교 지도자인 '라흐바르'라고 선언했고, 막강한 권위를 기반으로 정치적으로도 사회적으로도 보수적인 통치를 실시했답니다.

이란의 여성들은 히잡을 써야 했고, 술과 서양 음악이 금지되었으며, 성직자가 정책 입안자로 임명되었어요. 호메이니는 다른 신앙을 존중한 마호메트의 가르침을 저버렸지요. 이란의 1979년 헌법은 나라를 이슬람 공화국으로 내세웠고, 혼합 체제를 이룬 정부에서는 성직자가 행정부, 의회, 사법부를 감독했으며, 라흐바르가 국가와 감독 기관의 최고 자리를 차지한답니다.

호메이니의 새 공화국의 기초는 회교 율법이다. 이란 혁명의 문장은 알라의 이름을 아랍 문체로 나타낸다.

Ruhollah Khomeini
출생 1900년, 이란 호메인
업적 이란 이슬람 공화국
을 세움
사망 1989년, 이란 테헤란

Wahhabism

와하브파

> 와하브파의 창시자는 무함마드 이븐 압둘 알와하브이고 마호메트의 초기 가
> 르침으로 돌아가려던 18세기 이슬람 개혁 운동에서 시작되었어요. 와하브
> 파는 이슬람 수니파 중에서도 금욕주의적인 분파인데 사우디아라비아 왕국
> 에서 우세하답니다. 실제로는 정부의 기반을 종교적 원칙에 두는 신권 정치
> 의 지배 이념이지요. 그런데 지지자 중 일부는 테러주의와 연결되어 있어요.

와하브파는 체첸과 발칸 지역의 이슬람 근본주의 운동에 관여해 논란의 중심에 서게 되었어요. 9·11 테러범 19명 중 15명이 사우디아라비아 출신이어서 종파 전체가 성전주의자로 부당하게 낙인찍혔다고 사우디아라비아 사람들은 여겼지요.

와하브파는 비이슬람 교도뿐만 아니라 와하브파가 아닌 이슬람 교도에게도 너그럽지 못했어요. 이븐 사우드가 1932년에 사우디아라비아를 통일했을 때 군대는 와하브파 군인들로 구성되었고 그들 사이에는 역사적으로 중요한 가족 동맹이 맺어져 있었지요. 사우디아라비아 사막 땅의 다양한 종족들을 정복하고 그 영토를 이븐 사우드에게 바친 사람이 바로 와하브파를 믿는 사람들, 와하비스였어요. 압둘 아지즈 왕이 된 이븐 사우드는 답례로 이슬람적인 엄격한 사회 질서에 따라 왕국을 다스렸답니다.

여성은 교육받을 수 없었고, 회교 율법을 따르는 재판은 엄격했어요. 교통 위반과 같은 문제도 국왕의 칙령으로 다루었지요. 1992년 기본법이

선포되었지만 실제의 헌법은 코란이랍니다. 또 국왕이 입법권과 행정권을 모두 가지고 있으며, 왕이 아닌 다른 사람들의 의견을 들어야 한다면 기술 전문가이거나 울라마, 즉 이슬람교 법학자의 자문을 구한답니다. 왕실의 적법성은 와하브파에 있었고, 와하비스는 왕실에 의해 권위 있는 지위에 오르게 됩니다.

신권 정치와 범이슬람주의를 외친 사우디아라비아는 1960년대에 이집트 대통령 나세르가 내세운 세속적인 범이슬람주의에 대해서는 적대적이었어요. 나세르가 국내 비판에 저항하는 움직임을 보였을 때 무슬림 동포단은 사우디아라비아에서 은신처를 구했지요.

무슬림 동포단은 또 다른 이슬람 개혁 운동, 살라피에서 비롯되었답니다. 그들의 관심 중에서 근본으로 돌아가려는 움직임은 현대화하려는 욕구보다 적었지만, 살라피와 와하브파에게는 공통의 기반이 있었어요. 이집트 망명자들은 교육 수준이 높은 편이었는데 이들은 석유가 풍부한 사우디아라비아에서 필요한 교사로 적합했지요. 일부 아랍 세력들의 세속주의를 접하자 무슬림 동포단은 서구의 영향에 대해 더 적대적이게 되었고 그러한 적대감은 사우디아라비아의 교육 체제에 단단히 자리를 잡고 있답니다.

탈레반이 침입자들을 상대로 거둔 승리와 뒤이은 소비에트 공산주의의 몰락은 1967년에 아랍 세계가 이스라엘에 치욕적으로 패배한 것에 대한 강력한 반격이 되었고, 그 지역 정치권에 깊이 새겨져 있답니다.

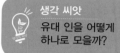

투쟁하는
시온주의자

다비드 벤구리온

> 벤구리온은 투쟁하는 시온주의를 내세워 팔레스타인이 역사적으로 이스라
> 엘의 땅이라고 주장했고 독실한 유대 인들이 하나로 뭉칠 수 있는 계기를 제
> 공했어요. 그는 이스라엘 국가를 건설하는 데 중요한 역할을 했고 최초의 수
> 상이 되었답니다. '타임'은 팔레스타인에서 유대 인이 나아갈 방향을 제시한
> 그를 20세기의 가장 중요한 인물 100인 중 한 사람으로 선정했어요.

벤구리온은 반유대주의가 일기 시작하던 당시, 러시아 제국에 속했던 폴란드 동부에서 태어났어요. 유럽에서는 제국주의와 식민지주의가 융성했고 노동자 계급이 서서히 일어서던 시대였어요.

벤구리온이 20세 무렵 유럽에 있는 유대 인들에게는 박해를 피하고 자신들의 역사적인 영토라고 선언할 수 있는 고향땅을 건설하자는 구상이 떠오르고 있었어요. 노동 시온 정당은 팔레스타인에서 유대 인의 정치적 독립을 이룬다는 목표를 세웠어요. 1917년 밸푸어 선언에는 연합국이 유대 인이 고향땅을 만드는 과제를 지원한다고 약속하는 것처럼 보였지요.

벤구리온은 유대 인 노동자 조직인 이스라엘 노동자 총동맹, 히스타드루트의 사무국장이었어요. 벤구리온은 1920년대와 1930년대에 걸쳐 유럽을 떠나온 많은 유대 인 이민자들을 사회주의 유대 인 국가

정의와 변혁을
꿈   꾼

의 핵심으로 조직화할 수 있는 길이 히스타드루트에 있다고 보았지요.

유럽 자유주의의 전통을 존중하던 그는 유대 인과 아랍 노동자들이 정치적 목표를 위해 문화적 특성을 유지한 채 서로 연합하여 공동의 경제적 목표를 달성할 거라고 예상했어요. 나중에 일종의 인종 차별 정책을 제안한 것으로 비난을 받았지만 그는 아랍 인들을 동등하게 대하고 계급 투쟁에 걸맞은 연합 세력으로서 문화 교류를 해야 한다고 주장했지요. 그는 물질적 번영을 제공함으로써 아랍 민족주의와 시온주의의 갈등을 피하려고 했지만 실패했어요.

벤구리온의 통제 아래 히스타드루트는 팔레스타인 지구에서 두 번째로 강력한 기관이 되었고 국가 안의 국가로 작동했으며, 개인이 자유롭고 평등한 유대 인 국가라는 목표를 중심으로 거대한 물결을 이룬 이민자들이 단결할 수 있는 중요한 수단이 되었지요. 그러나 영국이 제2차 세계 대전 동안 친아랍주의로 나아가자 벤구리온은 1940년 대에 '투쟁하는 시온주의'를 발전시켰어요. '투쟁하는 시온주의'는 문화적 차이를 억제하고 전쟁 전후에 유럽에서 도망한 유대 인 수천 명이 단결할 수 있는 길을 제시했답니다.

David
Ben-Gurion

출생 1886년,
폴란드 프원스크
업적 이스라엘을 건설에
중추적 역할
사망 1973년,
이스라엘 텔아비브

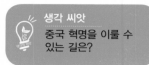
생각 씨앗

중국 혁명을 이룰 수 있는 길은?

중화인민공화국을 세운 마오쩌둥

> 마오쩌둥은 많은 희생을 감수하고 현대의 중국을 만들어 냈어요. 수백만 명이 기아와 박해로 죽었고, 여기에는 개인 숭배와 공포가 이용되었지요. 마오쩌둥은 1931년부터 중국 공산당을 이끌었고, 1949년부터 1959년까지 중화인민공화국의 주석의 자리에 있었답니다. 그는 여러 가지 정책을 펼쳤고 소련의 마르크스주의를 중국에 맞게 적용했으며 문화대혁명을 일으켰어요.

마오쩌둥은 제국의 마지막 왕조의 몰락이 가져온 혼란기에 성장했어요. 1911년 쑨원이 이끈 첫 번째 반란에서 싸웠고, 1921년에는 중국 공산당의 설립 당원이 되었지요. 1928년 장제스와 벌인 전쟁에서는 붉은 군대를 이끌었고, 1934년에는 그들과 함께 대장정을 거쳐 중국 북부로 퇴각했어요. 그러고는 마침내 1940년대에 지도자로 등장했답니다.

마오쩌둥은 동년배들이 지녔던 경험이나 지성적인 재능이 부족했어요. 그는 산업 노동자들보다 농민들이 자신의 권력의 원천일 수 있음을 알았고, 농민 덕분에 시골 지역에서 도시를 둘러싸는 방식의 군사 전략도 성공할 수 있었지요. 실용주의자였던 마오쩌둥은 일본이 침입하자 그의 오래된 적인 국민당을 회유하면서 1940년대에는 반제국주의 프롤레타리아 혁명으로 공산주의 지도력을 회복했답니다.

정의와 변혁을 꿈 꾼

중국처럼 산업화 수준이 상대적으로 낮은 나라에서의 혁명은 산업보다 농업 분야의 프롤레타리아로부터 시작되어야 한다.

　1930년대 후반부터 마오쩌둥은 소비에트 마르크스주의를 거부하고 중국식 마르크스주의에 대해 생각하기 시작했어요. 그는 지성적인 노력과 물리적 노력을 통해 중국이 가난을 극복하고 사회주의라는 양지바른 고지대에 도달할 수 있을 거라고 생각했지요. 1950년대에는 대약진 정책을 펼쳤는데, 모든 소도시와 마을에서 소규모 산업을 개발하도록 장려하는 한편, 인력만으로 생산성을 끌어올리고 5개년 계획을 앞당겨 실시했어요.

　1960년대에 시작된 문화대혁명은 정치적 경쟁자와 비판가들을 제거하고 당의 구조를 다시 세우는 데 도움이 되었어요. 반지성주의를 계급 전쟁의 측면에서 장려했고, 농민들의 무지를 찬양했지만 마오쩌둥은 죽을 때까지 전제적인 중앙 집권주의를 선호했답니다.

Mao Tse-tung

출생 1893년,
중국 후난 성
업적 중화인민공화국
을 세움
사망 1967년, 중국 베이징

4장

위대한
정치 지도자

GREAT LEADERS '

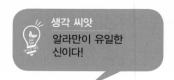

생각 씨앗
알라만이 유일한
신이다!

**이슬람의
예언자**

마호메트

마호메트는 제국을 세워 아랍 국가를 통일하고 이슬람교를 창시했어요. 100년도 되기 전에 이슬람교는 아라비아와 북아프리카에서 자리를 잡았고 남유럽과 아시아로 퍼져 나갔지요. 마호메트는 인간이 평등하고 모두 형제라는 것을 강조했어요. 메디나에서 마호메트가 만든 규칙은 지금도 이슬람교에서 지켜지고 있답니다.

마호메트는 메카 지배 부족의 한 분파인 쿠라이시족 출신의 고아였어요. 어린 시절부터 그는 남다른 이상을 품고 있었지요. 카리스마가 넘쳤고 정의감과 독실한 생활 방식으로 존경을 받았으며, 40세에 이르자 '코란'을 계시하기 시작했어요.

마호메트가 전한 주요 메시지는 신은 알라뿐이며 자신과 그의 지지자들이 신성한 카바 신전의 수호자라는 가르침이었어요. 622년 헤지라, 즉 이주 때 마호메트가 도망간 곳이 나중에 메디나가 되었어요. 그곳에서 그는 계속해서 코란을 계시했고 이질적인 부족들로 이루어진 공동체를 다스리며 신에게서 유래된 법 체제와 통치 체제를 전파했어요. 이슬람교의 기본 원칙들은 그가 살아 있는 동안에 확립된 것이랍니다.

초기 박해에 직면하자 신앙과 공동체는 밀접하게 연결되었지요. 계

114

정의와 변혁을
꿈   꾼

시는 개인과 인간, 그리고 개인과 사회의 관계를 모두 지시했어요. 또 공동체에 대한 관심이 다른 무엇보다 중요했어요. 그 목적은 선을 장려하고 해악과 부패라는 악을 물리치는 것이었지요. 사회 정의는 중요한 원칙이었고 출생과 부에 따른 구분은 신의 눈으로 보는 평등함으로 대체되었어요. 노예 제도의 금지가 표현되지는 않았지만 노예는 해방되었고, 어린아이들은 보호를 받았으며, 남녀차별에 따른 여아 살해는 금지되었어요. 코란에서는 80절만 법적 문제를 다루고 있지만, 식사, 음주 금지, 결혼 같은 사회적 관습을 규칙으로 만든 다른 법도 제정되었답니다.

마호메트의 공동체가 생존한 데에는 경쟁 부족들을 물리치는 군사적 성공이 중요했어요. 성전(聖戰)은 모든 신자들의 의무였답니다. 분수를 지키는 생활 방식을 지켰던 마호메트는 부족의 지도자가 되었어요. 초기 신앙 활동의 중심지였던 예루살렘과는 적대적인 관계가 되었고, 대신 메카가 이슬람과 새로운 아랍 세계의 중심이 되었어요. 이슬람이 초기에 성공한 것은 부족의 전통적인 충성심을 거부하고 마호메트의 가르침을 따랐기 때문이지요. 마호메트는 종교적 다원주의를 어느 정도 허용했고, 다른 신앙을 가진 사람들에게 세금을 부과했지만 강제 개종은 시키지 않았답니다.

Mahomet

출생 570년,
아라비아 메카
업적 이슬람교의 창시자
사망 632년,
아라비아 메디나

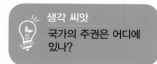
**미국의
위대한 대통령**

에이브러햄 링컨

미국 16대 대통령인 에이브러햄 링컨은 가장 위대한 대통령으로 널리 알려져 있답니다. 그는 노예 제도를 폐지했고 남북전쟁의 승리로 미국 연방을 보존했으며 공화당 설립을 도왔어요. 1963년 가을 게티즈버그 연설에서 링컨은 171개의 단어만으로 자유로운 연방 수호라는 전쟁의 목적과 '국민의 국민을 위한 국민에 의한 정부'를 천명했지요.

링컨은 헌법의 원칙을 헌법 자체보다 중시했어요. 모든 사람들이 평등하게 태어났고 동의에 의해서만 지배받을 권리가 있다고 한다면 노예 제도는 잘못된 것이었지요. 하지만 헌법에서는 노예 제도를 금지한다고 밝히지 않았기 때문에 각 주에서는 노예 제도가 지속되고 있었어요. 링컨은 변호사로서 헌법을 존중했고 정치적 계산도 빈틈없이 했기에 노예를 해방시키기 위한 헌법 수정안을 발의하기 전에 가능한 한 두루 합의를 이끌어 내고자 애썼답니다.

링컨은 노예 제도가 부당할 뿐 아니라 경제적으로도 방해가 된다고 생각했어요. 자유로운 노동과 정착민들에게 무상 토지를 지급하는 것이 그의 원칙이었으니까요. 그는 1854년 캔자스 네브래스카 법에 반대했답니다. 만약 이 법이 승인되면 미국의 새 영토에서 노예 제도가 허용될 수 있었어요.

토론에서 졌음에도 불구하고 그는 공화당의 대통령 후보로 지명되었고, 1860년 11월에 공화당의 첫 대통령으로 당선되었답니다. 그가 집권하기 전 남부 지역의 많은 주가 연방에서 탈퇴하여 남부 연합을 결성했어요. 그가 취임하고 곧 남북전쟁이 시작되었지요.

1861년부터 1894년까지 전쟁이 계속되는 동안, 링컨은 위대한 미국 입헌주의의 정수를 보여 주었답니다. 그는 평화를 향한 길을 도처에 열어 놓았고, 노예 제도가 이미 존재하는 경우 찬성도 반대도 하지 않으며 오직 연방을 보존하고자 할 뿐이라고 선언했어요. 그리고 드디어 1863년 노예 해방 선언에서 연방이 유지되는 주에서만 노예가 해방됨을 선포했답니다.

400만 명의 노예 중 20만 명만 해방되었지만 그 해방이 상징하는 바는 값으로 따질 수 없는 것이었어요. 전쟁이 개혁 운동으로 바뀌었고 연방의 군대들이 단결했으며 국제적인 지원도 이어졌어요. 노예 해방 선언을 위해 헌법 제13조를 수정하려면 충분한 지지가 필요했고 최고 사령관으로서의 대통령 권력의 중앙 집중화도 이루어졌지요.

재선 성공 후 그의 두 번째 취임 연설은 '누구에게도 원한 없이 모든 이에게 사랑으로'라는 평화에 대한 약속이었답니다. 그러나 안타깝게도 몇 주 후 링컨은 암살당하고 말았어요.

※ 시민권 국가의 법에 의해 보장되고 보호받는 권리로 정치 권력과 무관하게 보편적인 인간의 권리와 대비되는 개념.

Abraham Lincoln

출생 1809년.
미국 켄터키 주 호젠빌
업적 노예 제도를 폐지한 미국의 가장 위대한 대통령
사망 1865년.
미국 워싱턴 D.C.

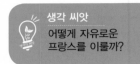
**프랑스의
전쟁 영웅**

샤를 드 골

{ 1940년 5월 샤를 드 골은 세력을 연합하여 프랑스를 점령한 나치에 저항하였고 1944년에는 '자유 프랑스'의 파리 입성을 이끌었어요. 그는 최초의 평화시 프랑스 대통령이 되었지만 1946년에 국정 약화에 항의하며 사임했지요. 그리고 1958년 제5공화국의 첫 대통령이 되었답니다. 그는 어떤 외부 세력의 영향도 받지 않는 자유로운 프랑스를 꿈꿨어요. }

예수회 학교 교장의 아들이던 드 골은 제1차 세계 대전에서 공훈을 세웠어요. 그는 전통에 얽매이지 않고 사려가 깊어 명성을 얻었으며, 군대의 현대화에 대한 필요성 및 리더십의 본성에 대해 연설하고 글도 썼답니다. 독일 군대가 파리로 다가오고 필리프 페탱이 휴전을 준비할 때 드 골은 런던으로 망명했어요. 그곳에서 그는 나치 점령하의 프랑스인들을 향해 '자신을 중심으로 대독일 항전을 계속하자'고 프랑스어 라디어 방송을 내보냈어요.

런던과 알제리에서 드 골은 프랑스 내부와 외부의 연합 세력을 형성하여 프랑스가 자유를 되찾는 데 중요한 역할을 했답니다. 이때 아이젠하워 장군은 직접 파리를 해방시킬 것을 고집하여 연합군 정부를 세우는 계획을 선점했어요. 하지만 드 골은 강력한 리더십을 뒷받침하는 체제가 필요하다고 확신했고, 이 때문에 정치인들과 사이가 나

118

빠져 1946년에는 정치를 그만두게 됩니다. 그의 복귀를 요청하기까지 12년이 걸렸어요.

야인으로 지내면서 드 골은 정치적 전망을 발전시켰고 이것은 나중에 드골주의가 되었지요. 그 중심에는 정치적·문화적으로 자유로운 프랑스가 있었어요. 국내 문제에 관해서는 사회주의와 자본주의 사이에서 제3의 길을 모색했답니다.

1958년에 드 골은 정계로 돌아와 대통령의 권한을 강화할 것을 주장했고, 논란이 있었지만 제5공화정 헌법을 개정하여 대통령 직선제를 도입했어요. 반군주제를 내세우면서도 그는 '위업'을 회복하는 일에 착수했지요. 점점 커지고 있던 전 세계적 군사 네트워크와 경제 연합에 프랑스는 가입하지 않았어요. 유럽 경제 공동체의 약속은 이행했으나 국가 권력에 영향을 미치는 것에는 반대했지요. 그는 미국의 영향력이 미칠 것이라는 이유로 영국의 등장에 반대했고 나토 군사 기구에서 탈퇴했어요. 프랑스다운 외교 정책을 펼치기 위해 독립적 핵무기 보유 정책을 추진했답니다. 알제리의 민족 자결권을 인정했고 캐나다에서도 '자유 퀘벡이여, 영원하라'라고 외침으로써 그는 반제국주의 옹호자가 되었답니다.

Charles de Gaulle

출생 1890년, 프랑스 릴
업적 프랑스의 민족주의와 반제국주의를 추구함
사망 1970년, 프랑스 콜롱 베레되제글리즈

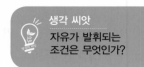

생각 씨앗
자유가 발휘되는
조건은 무엇인가?

**영국의
정치 지도자**

윈스턴 처칠

{ 1940년부터 1945년까지 영국의 수상으로서 윈스턴 처칠은 히틀러의 파시즘에 맞서 민주주의를 지키고 자유 세계를 이끌었답니다. 1961년 그는 다시 수상 자리에 올랐고, 전쟁 지도자로 이름을 날렸어요. 그는 놀라운 말솜씨로 히틀러와 나치가 야기한 도전의 본질과, 그에 대한 자유 세계의 대응을 설명했지요. }

귀족 가문에서 태어난 처칠은 학생 시절에는 평범했지만 이후 대담한 군인으로, 정치인으로, 그리고 35세가 되기 전에 내각의 각료로 화려하게 등장했어요. 군인에게 적병이 필요했듯이 정치인으로서 처칠은 적을 적극적으로 찾았어요. 그가 선택한 적은 공산주의였고, 그에게 공산주의는 온건한 사회주의자와 노동 조합원까지 포함하는 의미였지요. 인도의 자치에 대한 압력이 거세지자 그는 간디조차 용납할 수 없었답니다.

처칠은 보수적인 민주주의자였어요. 평화 시에 민주주의는 쟁취해야 하고, 특정한 조건 하에서만 발휘될 수 있는 자유가 있다고 보았지요. 모든 사람이 자치를 할 수 있는 먼 미래를 준비하면서 모든 국민의 권리를 보호해야 했어요. '사회주의에서는 부가 무너지고, 자유주의에서는 가난이 활개를 친다. 사회주의는 지배를 찬미하고, 자유주

120

의는 사람을 찬미한다. 사회주의는 자본을 공격하고, 자본주의는 독
점을 공격한다'고 그는 말했지요.

1930년에 보직에서 물러난 처칠은 히틀러가 독일을 재무장하는 위
험스러운 상황을 역사적 관점에서 바라보았어요. 유럽에서 하나의 권
력이 우세해지는 것은 영국의 이익에 맞지 않았지요. 처칠은 전쟁의
공포에 겁먹지 않았고, 전쟁 지도자로 떠올랐어요.

그는 전쟁을 지원할 세력을 모으기 위해 반독재와 민주주의를 내
세웠답니다. 그는 공개적으로 미국에게 민주주의를 도우러 오라고 촉
구했고, 결국 제국의 권력을 지닌 영국에 대한 미국의 전통적인 적대
감을 초월할 수 있었어요. 전쟁을 자유를 위한 투쟁으로 보는 생각은
충분히 설득력이 있어서 히틀러에 필적하는 독재자 스탈린과의 동맹
도 견뎌 내었지요. 하지만 전쟁이 끝난 후 그의 관심사는 공산주의를
견제하고 민주주의를 보호하는 것이었답니다.

처칠은 대영제국이 수호자로서 정의롭고 평화로운 자치
를 할 때까지 아래에 있는 나라들을 보살핀다고 생각했다.

Sir Winston
Churchill

출생 1974년,
영국 블렌하임
업적 히틀러의 파시즘에
맞서 민주주의의 승리
를 이끔
사망 1965년, 영국 런던

Democracy

민주주의

> 현대 세계에서 민주주의는 최선의 정치 형태로 널리 받아들여지고 있지요. 민주주의는 개인의 자유를 보호하고, 개인은 권리와 도덕적 책임감을 갖고 통치에 참여할 수 있어요. 민주주의의 가장 큰 강점은 여러 정치체제를 수용할 수 있는 능력이랍니다. 합법성의 기준이 되는 주권이 국민에게 있는 한, 정부의 형태는 자유주의에서 사회주의까지 다양할 수 있어요.

민주주의에 관한 이론은 기원전 400년에 페리클레스와 함께 시작된답니다. 그의 연설에는 민주주의 국가에 대한 설명이 들어 있어요. '민주주의 국가의 정치는 소수보다 다수를 위한 것이다. 그렇기 때문에 민주주의라고 불린다. 법은 개인적 차이가 있어도 모든 사람들에게 공정한 정의를 구현한다.'

민주주의는 몇 가지 과제를 제시합니다. 누가 투표할 자격을 갖는가? 다수에 의한 지배가 널리 시행되지 않으면 어떻게 되는가? 소수자들은 어떻게 보호할 수 있는가? 그래서 민주주의는 합의된 정치 체제, 평화로운 환경, 패배를 감당할 준비가 되어 있는 유권자들이 필요하지요.

전체 인구의 10퍼센트 정도만 완전한 시민으로 인정되었던 도시국가 체제에서의 민주주의는 현대의 의미와는 좀 다르지만 아리스토텔레스는 민주주의와 개인의 자유를 연결했고, 17세기에 홉스가 이 생각을 이어 갔어요. 홉스의 사상은 미국 헌법에 영향을 미쳤고, 프랑스에서는 몽테스키외가 공공선이라는 개념에 주목했지요.

    19세기에는 존 스튜어트 밀이 정부가 보호해야 하는 기본 자유권의 의미를 제시했어요. 100년 뒤 존 롤스는 '최대 다수의 최대 행복'이라는 자유 민주주의의 원칙에 의문을 제기하고 대신 평등이나 사회 정의가 최우선이 되어야 한다고 주장했답니다. 에이브러햄 링컨이 제안한 '국민의, 국민을 위한, 국민에 의한' 정부라는 유명한 표현은 민주주의에 훨씬 더 복잡한 체제가 필요함을 암시하지요.

    영국의 시민혁명은 실질적인 전환점이 되었는데, 통치에 직접 관여하는 대신 선거에서 선출된 대표자에게 위임할 수 있음을 보여 주었어요. 영국은 18세기 후반까지 군주제에서 제한적인 민주주의로 진화했지요. 이론적인 문제의 돌파는 자유와 평등을 받아들임으로써 이루어졌어요. 미국은 프랑스 혁명에서 영감을 얻어 개인이 양도할 수 없는 권리를 기초로 민주주의 통치 체제를 구축했답니다. 현재에는 민주주의의 기반인 자유보다 개인의 안전이 더 주목받기도 합니다.

    민주주의에서 지지율은 다양한 방식으로 판단할 수 있어요. 지리적 요소가 정당의 정확한 지지율보다 중요하다면 '승자 독식'이 최선의 길이에요. 또 유권자의 한 표가 크게 영향을 미친다면 '비례 대표' 방식이 더 공정하지요. 두 시스템은 다양하게 변형되어 한 나라 안에서도 서로 다른 층위의 대표를 선출하는 데 이용된답니다.

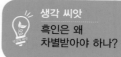
흑인의 권리를
주장한
마틴 루서 킹 2세

{ 1950년대부터 마틴 루서 킹 2세는 법적 인종 차별에 대항하는 운동을 성공
적으로 이끌었고 미국의 흑인과 백인 여러 세대에게 그들이 살고 있는 시대
의 불평등에 맞서 싸우도록 영감을 주었답니다. 킹은 스스로 동기를 부여하
는 감각이 뛰어났어요. 1963년 링컨 기념관에 모인 20만 명 앞에서 킹은 '나
에게는 꿈이 있습니다'라는 연설로 군중들을 열광하게 만들었지요. }

킹은 미국 애틀랜타에서 목사의 아들로 태어나 안
락하게 자랐어요. 그런데 흑인에 대한 인종 차별이 심
한 남부의 환경 속에서 성장한 그는 흑인과 백인 사이
의 불평등을 무시할 수가 없었어요. 불의가 만연한 곳
이면 어디서든 행동하라는 예수의 가르침도 그에게 큰
영향을 끼쳤어요.

목사가 된 킹이 벌인 첫 번째 운동은 앨라배마 주 몽고메리의 버
스에서 일어난 인종 차별에 항의하는 것이었답니다. 백인에게 자리를
양보할 것을 거부한 죄로 로사 파크스가 체포되자 그는 버스 이용 거
부 운동을 이끌며 이렇게 말했어요. "여러 해 동안 우리는 놀라운 인
내심을 보여 줬습니다. 하지만 우리로 하여금 자유와 정의가 아닌 어
떤 것을 참게 만드는 그 인내심에서 벗어나고자 오늘밤 이 자리에 왔
습니다."

몽고메리에서의 성공 덕분에 킹은 남부 기독교 지도회의를 만들었는데, 흑인과 백인의 평등을 위한 이 조직은 전국적 규모로 확대되었고 나중에는 세계적 규모의 운동을 이끄는 기반이 되었어요. 그는 아프리카 식민지의 자유 투쟁과 인도의 독립 운동에서 영향을 받았어요. 인도의 네루를 만나고 간디의 비폭력 저항에 관심을 가졌지요. 항거하기 위해 법을 어기고 처벌을 받아들이는 시민 불복종 운동은 그의 핵심 무기가 되었답니다.

1964년 가을에 킹은 노벨 평화상을 받았어요. 그는 비폭력이 결정적인 정치적 도덕적 문제에 대한 답이라고 하면서 인간은 폭력과 억압이라는 방법을 쓰지 않고도 이를 극복할 수 있다고 말했지요. 그리고 1965년 남부에서 흑인의 선거권이 법적으로 보장되었어요.

킹은 1968년에 멤피스에서 암살당했어요, 죽기 전날 밤에 그는 이렇게 말했답니다. "저는 여러분과 그곳에 도달하지 못할지도 모르지만 우리는 국민으로서 약속된 땅에 도달할 것임을 오늘밤 여러분이 알기를 바랍니다."

Martin Luther
King Jr.

출생 1929년,
미국 조지아 주 애틀랜타
업적 흑인과 백인이 평등
할 권리를 주장
사망 1968년,
미국 테네시 주 멤피스

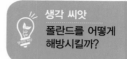

레흐 바웬사

> 레흐 바웬사는 최초의 독립 노동 조합인 '연대'를 통해 폴란드를 공산주의로
> 부터 해방시킨 조선소 노동자였답니다. 그의 리더십은 소비에트 제국이 몰
> 락하는 데에도 기여했지요. 그는 모든 노동자들과 공감할 만큼 충분히 평
> 범했으며, 반공산주의 파벌들을 연대 안에서 뭉치게 할 만큼 상당히 비범
> 했답니다.

레흐 바웬사는 발트 해 연안의 그단스크에 있는 레
닌 조선소에서 전기 기술자로 훈련을 받았어요. 어려
서 식료품 폭동을 목격했고, 청년이 되어서도 그러
한 폭동이 반복되는 것을 보았지요. 그때 경찰은 총
으로 시위 참가자 수십 명을 죽였어요. 1976년에 그
는 반정부 시위에 깊이 관여했다는 이유로 일자리를
잃었답니다.

1980년 8월에 정부는 다시 한 번 식료품 가격을 올리려고 했어요.
그단스키 노동자들은 파업을 했고, 바웬사는 봉쇄망을 뚫고 조선소
로 들어가 협상 대표가 되었지요. 곳곳에서 파업이 일어났고, 8월에
폴란드 전체에 있는 노동 조합, 지식인, 반정부 세력의 연합인 '연대'
가 결성되었어요.

젊은 바웬사에게 잘 어울린 팔자 콧수염은 어디서든 그를 즉시 알

126

아볼 수 있게 했지요. 그는 청중들을 좋아했고 청중들은 그의 대담함과 꾸밈없는 정직함을 사랑했어요. 그는 매우 독실한 가톨릭 신자였는데 1979년 요한 바오로 2세 교황의 폴란드 방문은 역사적으로 중요한 일이었어요. 바웬사는 공산주의의 몰락으로 이어진 일련의 사건들을 늘 교황의 공으로 돌린답니다. 교황은 폴란드 인들에게 폴란드 사람이라는 것이 어떤 의미인지를 상기시켰고, 노동자와 지식인 사이에 다리를 놓아 연대가 가능하게 만들었어요. 자유노조인 '연대'의 회원들은 기독교도인 민주주의자부터 폴란드 공산주의자까지 매우 다양했답니다.

1981년 중반에 이르자 '연대'는 더욱 강해졌어요. 하지만 1981년 말 바웬사를 포함하여 지도자들이 구속되었고 계엄령이 선포되었지요. 그래도 '연대'는 무너지지 않았답니다. 1984년에 바웬사는 노벨 평화상을 받았는데, 여행을 떠날 수 없었기 때문에 그가 없는 자리에서 상이 수여되었어요. 1989년 6월, '연대'는 첫 선거에서 표를 휩쓸었고, 1990년 레흐 바웬사는 최초의 직접 선거에서 대통령이 되었답니다. 하지만 이제까지 바웬사를 유능한 지도자로 만들었던 특성들이 대통령 직에는 잘 맞지 않았어요. 사회적 보수주의 성향은 시대정신에 반대했고, 공산당 당국을 위협했던 대결 방식도 민주주의와 어울리지 않았답니다.

Lech Walesa

출생 1943년,
폴란드 브워츠와베크
업적 공산주의 러시아 독재로부터 폴란드를 해방

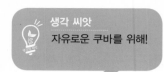
쿠바의 혁명가 피델 카스트로

> 1959년 이후 쿠바를 지배한 마르크스주의 독재자인 카스트로는 서구에서 최초의 공산주의 정권을 이끌었어요. 그는 라틴 아메리카와 아프리카의 공산 혁명을 모색했으며, 베네수엘라의 우고 차베스 같은 급진주의자들의 우상이 되었지요. 1980년대에 카스트로는 비동맹 세계의 지도자가 되었어요. 그러나 소비에트의 몰락으로 자유 시장경제를 받아들여야 했답니다.

비교적 부유한 가정의 사생아로 태어난 피델 카스트로는 대학 시절부터 혁명 정치에 이끌렸어요. 그는 도미니크 공화국의 독재자를 몰아내려는 은밀한 계획에 가담했고, 컬럼비아 봉기에 가담했으며, 바티스타 장군이 권력을 잡자 1953년에는 산티에고 데 쿠바에 있는 병영을 공격하기도 했어요. 그리고는 2년 동안을 감옥에서 보냈지요.

멕시코에서 망명 생활을 하면서 그는 6·26 운동을 준비했고 게릴라 군대를 훈련시켰어요. 1956년 12월 그는 동생인 라울, 체 게바라, 그리고 소수의 전사들과 함께 쿠바에 상륙하여 바티스타의 통치에 맞서 싸웠답니다. 두 해 동안 간간이 전쟁이 일어났고 매우 효과적인 선전전 덕분에 결국 부패한 정권을 몰아내게 되었지요.

순식간에 쿠바 전체의 지지를 얻어 형성된 통일 군사 정부는 인민주의와 민주주의를 펼치는 것 같았어요. 하지만 카스트로는 쿠바 마르크스주의를 내세워 정권을 장악했답니다. 그는 공산주의나 마르크스주의가 아닌 잘 계획된 경제 체제 안에서 운영

되는 전형적인 민주주의와 사회 정의를 펼치겠다고 말했지요. 하지만 미국이 보기에 토지 국유화, 미국 재산의 징발, 일당 지배 모두 소비에트 공산주의를 닮은 것 같았어요. 카스트로는 시몬 볼리바르와 19세기 라틴 아메리카 해방 운동가들의 계보를 이었다고 주장했답니다.

무상 의료, 교육, 복지가 도입되었고 모든 사람들의 일자리가 보장되었지요. 쿠바는 다른 개발도상국보다 더 건강하고 교육을 잘 받는 나라가 되었어요. 그러나 정치적 이견이나 반대는 여전히 억압되었답니다.

냉전으로 미국의 원조와 미국 시장이 흔들리자 카스트로는 소비에트 연방으로 돌아섰어요. 미국은 카스트로를 몰아낼 방법을 모색했고, 소비에트는 쿠바 땅에 탄도 미사일을 설치하려고 했어요. 위기감은 절정에 달했지만 1962년 결국 두 강대국 사이에는 화해가 이루어졌지요.

※ **계획경제** 사회주의와 관련이 있는 경제 체제로 정부가 자본의 흐름을 조절한다. 산업을 국유화하고 고용 수준을 유지하기 위해 이윤을 내지 못하는 기업을 지원하기도 하며 상품의 생산과 공급을 할당제로 조절한다.

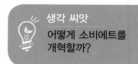

생각 씨앗
어떻게 소비에트를
개혁할까?

냉전을
끝낸

미하일 고르바초프

미하일 고르바초프는 냉전을 끝내고 소련의 경제 개혁과 정치 개혁에 착수
했어요. 그는 동유럽의 소비에트 연방 탈퇴를 허용했고, 갑작스러운 자유화
가 아닌 정통성에서 대안을 찾았지요. 그의 목표는 개혁을 달성하여 소비에
트 경제가 다시 서구의 경제에 도전할 수준이 되고 소비에트가 다시 실제 강
대국이 되는 것이었답니다.

고르바초프는 현재 러시아 연방 남서부에 위치한
스타브로폴 지역에서 소작농의 아들로 태어났어요. 농
장 노동자로 일하던 그에게는 정치적 재능이 있었고
1952년 모스크바의 법과 대학에 들어갔지요. 1970년에
지역 공산당의 제1서기가 되었고, 1980년에는 공산당
정치국에 들어가게 되었답니다.

스탈린이 사망할 당시 학생이었던 그는 흐루시초프가 서구와의 평
화로운 공존을 제안하면서 국제 정세뿐 아니라 국내 경제를 개혁하고
자 하는 것을 목격했지요. 고르바초프는 1985년에 공산당 서기장이
되었답니다. 세계를 여행하면서 그는 소련 사람들이 서구에 비해 뒤처
져 있다고 생각했어요. 또 나라의 국민총생산의 25%에 이르는 군비
부담 때문에 경제가 어렵게 되었다는 것도 이해했어요.

1990년에 노벨 평화상을 받으면서 그는 언젠가는 '국가들이 참된

정의와 변혁을
꿈   꾼

연합을 이루느냐, 아니면 전면 전쟁으로 죽어 가면서 인류를 멸종시키느냐' 하는 딜레마에 직면할 것이라는 칸트의 예언을 인용했답니다. 그는 세계가 결정적인 순간에 처해 있다고 느꼈지요.

처음에 그는 '새로운 사고'로 기존의 체제를 살려 내기를 바랐답니다. 그는 러시아 경제의 미래가 혁신과 자유로운 사고에 달려 있다고 이해했어요. 하지만 그가 이끌었던 개혁 정책인 '페레스트로이카'와 개방 정책인 '글라스노스트'는 소비에트 경제의 붕괴를 막지 못했어요. 확실히 고르바초프 자신도 중앙 계획 경제를 어떻게 해체해야 할지 분명히 알지 못했던 것 같아요.

그에게는 개혁을 실행할 시간이 너무 짧았어요. 그로 인한 경제적 혼란 때문에 적대감이 들끓었고, 그는 보수주의자와 그의 후계자인 보리스 옐친 같은 급진주의자 사이에서 고초를 겪었지요. 1991년 12월 25일, 결국 고르바초프는 소비에트 연방을 해체했답니다.

Mikhail Gorbachyev

출생 1931년, 소련 스타브로폴
업적 냉전 시대에 종말을 고함

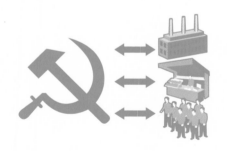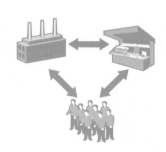

소비에트 정부는 계획 경제에서 자본의 흐름을 조절한다. 페레스트로이카는 사기업과 시장의 힘에 경제를 개방했다.

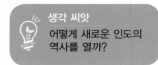

생각 씨앗
어떻게 새로운 인도의
역사를 열까?

`인도 독립운동`
`지도자`
자와할랄 네루

인도 독립운동 지도자 중 한 사람인 네루는 1947년에 인도의 초대 총리가 되었고, 외교 문제에서 비동맹주의를 주창한 것으로 유명합니다. 1947년 취임 연설에서 그는 이렇게 말했어요. "역사에서 흔히 오지 않는 순간, 낡은 것에서 새로운 것으로 나아가는 순간, 한 시대가 끝나는 순간, 오랫동안 억눌렸던 국민의 영혼이 입을 열기 시작하는 그러한 순간이 온다."

자와할랄 네루는 자신이 인도를 통치하는 마지막 영국 사람이라고 농담을 했어요. 그는 법조인과 행정가의 전통이 있는 부유한 집안에서 태어났고, 영국의 해로 스쿨과 케임브리지 대학에서 교육을 받았으며, 변호사로 훈련을 받았어요.

인도로 돌아온 그는 예속된 부당함에 저항하라는 간디의 주장에 매료되어 그와 뜻을 함께하게 됩니다. 여행을 하면서 인도 지방의 가난한 모습을 목격한 것도 이유가 되었지요. 1920년대 중반에 유럽과 소련을 방문했을 때 그는 점진적인 사회주의와 경제 계획에 답이 있다고 확신했어요.

간디는 더욱 젊고 지성적인 지지자들을 끌어들이는 데 젊은 네루의 급진주의 성향을 이용했어요. 네루는 국민 회의파 내에서 **빠르게** 권력자의 지위로 올라갔고 1929년에 의장이 되었답니다. 1930년대 중

132

정의와 변혁을
꿈   꾼

반부터 그는 간디의 후계자로 인정을 받았어요.

네루는 영국에 의해 아홉 차례나 투옥되었어요. 그런데도 그는 영국 예찬자로 남았지요. 1942년에 간디가 영국이 즉시 철수할 것을 요구했을 때 네루는 간디를 지지했어요. 그 결과 무슬림 동맹의 도전을 받게 되었고 분리를 막기가 어렵게 되었지요.

1947년부터 세계에서 가장 큰 민주주의 국가의 초대 총리로서 네루는 과학과 영성을 지지하며 정치와 종교를 시대에 뒤떨어진 것으로 선언했어요. 이상주의자이기보다 온정주의자였던 네루는 국가 주도의 사회주의를 도입했어요. 사회주의는 민주주의, 통일, 세속주의와 함께 국가 지도 원리였고 현대화를 이루기 위한 것이었어요.

하지만 사회주의는 약점을 드러냈고 사회 개혁 정책은 여성과 불가촉천민을 대하는 태도에 변화를 가져오지 못했어요. 국가가 운영하는 산업체는 관료주의적이었고 비효율적이었어요. 네루가 집권한 17년에 대한 비판이 지금 어떠하든지 간에, 그는 새로운 체제를 도입하고 운영하는 데 성공했고 그 체제는 영속적인 독립 민주주의로 증명되었답니다.

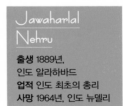

Jawaharlal
Nehru

출생 1889년,
인도 알라하바드
업적 인도 최초의 총리
사망 1964년, 인도 뉴델리

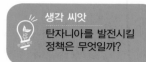

줄리어스 니에레레

{ 독립국가 탄자니아의 초대 대통령 줄리어스 니에레레는 나라를 가난에서 건져 내지는 못했지만 청렴하고 존경받는 지도자였어요. 그가 펼친 대표적인 정책은 농부들을 일정한 마을에 모이게 하는 집산주의 정책이었지요. 또 무상 교육으로 문맹률을 낮추고 부족 간 분열을 막기 위해 노력했어요. 한편 아프리카 통일 기구를 탄생시키는 데에도 중요한 역할을 했답니다. }

니에레레는 족장의 아들이었고 탕가니카가 영국의 지배를 받던 시대에 태어났어요. 그는 영국의 대학에서 공부한 최초의 탕가니카 사람이었고, 1952년 에딘버러 대학에서 문학 석사 학위를 받았으며, 교사가 되기 위해 고향으로 돌아왔어요. 그는 교사가 되는 길을 선택했지만 우연히 정치인이 되었다고 말하곤 했지요. 그래서 교사를 뜻하는 스와힐리어인 '므왈리무'라고 불리기를 좋아했답니다.

니에레레는 탕가니카 아프리카 민족동맹의 대변인으로 1950년대에 그의 조국을 대표하는 사람이 되었어요. 1961년에 선거에서 그는 주수상이 되었고, 나중에는 총리가 되었답니다. 그는 국제 관계에서 중요한 역할을 수행했는데 인종 차별 정책을 펼치던 남아프리카 공화국에 영연방 탈퇴를 요구했고 또 여러 아프리카 국가의 독립운동을 지

134

지했지요. 그는 죽음을 앞둔 순간에도 부룬디의 내전을 끝내기 위해 애썼답니다.

니에레레는 특히 우자마아, 즉 가족주의를 주장했어요. 생산성을 높이면서 의료 및 교육을 쉽게 제공하기 위해서는 집산주의 정책을 펼쳤는데 농부들을 '코뮌', 즉 마을로 모이게 했지요. 외국의 원조에서 독립하여 자급자족하는 나라를 만들고자 했지만 안타깝게도 나라는 점점 피폐해졌고 농산물 수출국에서 주요 수입국으로 바뀌고 말았어요. 결국 탄자니아 사람들은 다시 중국 원조를 받게 되었고, 비동맹 외교 정책은 일관성 없이 흔들렸어요. 결국 그는 우자마아가 실패했음을 시인해야 했어요.

관리 부실, 관료 정치의 부패, 우자마아의 실패로 인해 탄자니아는 아프리카에서 가장 가난한 나라 중 하나가 되었지요. 그렇지만 니에레레의 청렴결백 덕분에 그가 백혈병으로 1991년에 죽기까지 국내에서는 그에 대한 충성심이 여전했고 해외에서도 찬사가 이어졌답니다.

※ **아프리카 사회주의** 식민지 독립 후 아프리카에서 인기를 얻은 정치 이념. 사회평등을 위한 부의 재분배를 지지하며 소규모 자급자족 공동체에 기반을 두고 식민지 권력 체제에 저항하여 전통적인 아프리카 규범에 따라 운영된다.

Julius Nyerere

출생 1922년,
탕가니카 부티아마
업적 탄자니아의 초대 대
통령으로 아프리카 통일기
구 탄생에 중추적 역할
사망 1999년, 영국 런던

인덱스